AF283900

LOS GRIEGOS Y NOSOTROS

Ricardo Moreno Castillo

LOS GRIEGOS Y NOSOTROS
De cómo el desprecio por la antigüedad
destruye la educación

Prólogo de
Carlos García Gual

fórcola
Singladuras

Singladuras

Director de la colección: Javier Fórcola
Diseño de cubierta: Fórcola
Diseño de maqueta y corrección: Fórcola
Producción: Teresa Alba

Detalle de cubierta:
La muerte de Sócrates, Jacques-Louis David, Metropolitan Museum, Nueva York

Primera edición, octubre de 2019
Segunda edición, octubre de 2024

Depósito legal: M-20504-2024
ISBN: 978-84-19969-19-4
Imprime: Sclay Print, S. A.
Encuadernación: José Luis Sanz García, S. L.
Impreso en España, CEE. Printed in Spain

  El papel utilizado para la impresión de este libro está calificado como papel ecológico y procede de bosques gestionados de manera sostenible.

ÍNDICE

«Ilión fue, pero Ilión perdura en el hexámetro que la plañe.»

JORGE LUIS BORGES
«Posesión del ayer», *Los conjurados*

Carlos García Gual
Real Academia Española

ESTE NUEVO ENSAYO de Ricardo Moreno Castillo está en muy en la línea de otros suyos más amplios en favor de una educación de horizonte y empeño humanistas, amenazada y asfixiada estos años por los planes impuestos a partir de una pedagogía de retórica populista y mediática. Ya lo advierte al comienzo: «Las ideas aquí expuestas las he dicho, escrito y reiterado hasta la saciedad en otros muchos lugares y ocasiones, pero, como decía Voltaire, *me repetiré hasta que me entiendan*». La novedad del libro está pues en su tenaz elogio del valor educativo de la cultura y la lengua de Grecia y Roma, «al abrigo de los pensadores grecolatinos y algunos humanistas que han dado la voz de alarma sobre el suicidio que supone el olvido de los clásicos».

En resumen, aquí tenemos una apología razonada y apasionada de los estudios del griego y el latín y las Humanidades de raigambre clásica. Es una defensa empeñada y vivaz que llega en un momento de la aguzada crisis y lamentable agonía de los mismos, desde hace años casi ahogados en los mezquinos planes y menguados programas oficiales de bachillerato en la Enseñanza Secundaria y, a la vez, en la marginación de esas lenguas en los de nuestras Facultades Universitarias. Son hechos bien conocidos. Como consecuencia de las reformas drásticas en planes y programas educativos en los últimos años hay una evidente reducción de horarios de las llamadas «materias humanísticas» —desde los menguantes cursos de Filosofía y Literatura a los de Latín y Griego—. La deriva parece responder, como Ricardo Moreno ya advertía bien en su *Panfleto antipedagógico*, a la obsesiva admiración de algunos teóricos de la pedagogía por las nuevas tecnologías, algo que se une, por otra parte, a un enfoque de la educación hacia lo más actual y más pronto rentable en el mercado de trabajo. Es una idea de la educación que se acompaña con un menosprecio notorio del legado cultural del pasado, como si la mejor cultura fuera una carga innecesaria en ese pragmático diseño. Es decir, como si la educación de amplios horizontes fuera un lujo algo superfluo, al menos, para alumnos de clases modestas, a los que basta ya con ofrecer concretos conocimientos y «destrezas» para su colocación más o menos profesional en el mercado y la sociedad moderna.

Creo que aquí viene bien citar unas líneas de las próximas páginas:

Se podría pensar que esto es un error de los tantos cometidos por nuestras autoridades educativas, pero no es así. No es que se equivoquen por desdeñar el legado grecolatino; es que el desdén por el legado griego y en general por lo antiguo es lo que nos ha llevado al fiasco educativo que vivimos. El olvido de Grecia y del pasado no es un desacierto más entre otros, es el desacierto que está en el principio de casi todos los demás. Si quienes elaboraron la reforma educativa hubieran sido personas más cultas y estudiadas, más conocedoras de nuestra historia y hubieran leído más a los clásicos griegos y latinos, nuestro sistema escolar sería mucho mejor.

Sí, desde luego. Aunque no me he interesado por los currículos de los legisladores y caudillos pedagógicos de estos últimos años, sí recuerdo que cuando la Facultad de Filosofía y Letras se escindió en varias, caracterizaba a casi todos los egresados de la liberada Facultad de Pedagogía un notable distanciamiento de los estudios humanísticos, contentos de dejar el latín y el griego, que entonces sólo tenían que cursar los alumnos de Filología. No tengo muchas noticias acerca del nivel cultural de nuestros políticos ni de los diseñadores de los programas educativos. Pero, por decirlo de modo suave, sospecho que son muy raros entre ellos los de simpatías humanistas.

Hemos de reconocer, sin embargo, que esa tendencia a desdeñar el pasado literario y las lenguas antiguas no es sólo una tara carpetovetónica. Esas tendencias de la pedagogía «progresista» y ese desdén por los estudios llamados de «Letras» tienen paralelos en las políticas educativas de otros países europeos, atentas también a lo más rentable y los usos tecnológicos.

Pero, a este respecto, convendría agregar una reflexión. Los estudios de latín y griego, esos «estudios clásicos» que tuvieron en España una muy escasa tradición durante siglos, han logrado aquí en los últimos decenios un notable desarrollo, que nos situaba casi a la altura de otros países europeos. Tanto en las facultades de Letras como en muchos institutos de Enseñanza Media hemos tenido unos excelentes profesores de esas lenguas, y podría hablarse, creo, de un cierto renacimiento de la Filología Clásica –y de la edición y traducción de textos clásicos– en el mundo hispano. Desde luego, con los planes actuales, que están liquidando la posibilidad de tener cursos de griego y poco latín en el programa de bachillerato, ese avance humanista desaparecerá. (Si acaso, algunas investigaciones eruditas se mantendrán en algunas facultades universitarias; pero la proyección amplia y más abierta en la Enseñanza Secundaria se verá cercenada para siempre, injustamente.)

Ricardo Moreno es, como puede verse en *Diccionario semifilosófico* y en *Nosotros y Voltaire*, un empecinado y aguzado lector y, a la vez, un avezado maestro en el arte de espigar y comentar textos de escritores y pensadores, generalmente de fino estilo y talante ilustrado. Así que sus libros adoptan un aire de oportunas y atractivas antologías comentadas. Es como si, a fin de refrendar sus propias ideas, sus críticas y sus razones, les invitara, a los autores de otros tiempos, a un amistoso y discreto coloquio.

Aquí de nuevo usa esa técnica ensayística de apoyar o arropar sus propias ideas en variadas citas, y lo hace sin pedantería y con su habitual pericia. De modo que concita en fina y atractiva galería un montón de sugerentes frases de pensadores diversos. Aquí leemos opiniones de filósofos antiguos y de filólogos victorianos, y escuchamos a poetas románticos y a profesores universitarios actuales (incluido quien escribe este breve prólogo). Todos, en efecto, a manera de un coro bien concertado y unánime, se presentan como defensores del humanismo clásico. Y lo hacen desde varios puntos de vista, muy bien seleccionados por su reconocida agudeza intelectual. (Es sabido que esa técnica de las citas comentadas la acreditaron desde antiguo algunos humanistas, y la variedad de enfoques da amenidad al coloquio.)

En las palabras de Simone Weil, Jacqueline de Romilly, George Steiner, Hannah Arendt y muchos otros críticos prestigiosos del siglo XX pervive el reconocimiento del legado griego como fundamento de la cultura de la modernidad. Un legado, pues, que no sólo es memoria y homenaje, sino que ha impulsado ideas progresistas, como atestiguan bien Marx, Freud y Nietzsche. Y a ese respecto me parece muy pertinente la sagaz sentencia, que aquí se cita luego, de Comte-Sponville:

> Sólo mediante la transmisión del pasado a los hijos les permitimos inventar su futuro. Sólo si somos culturalmente conservadores podemos ser políticamente progresistas.

Más de una vez he escrito que el Humanismo no es tanto erudición y arqueología como reinterpretación y relectura. Por eso es importante volver a estudiar a los griegos y los romanos, porque perviven sugerentes y seductores y, en efecto, como sucede con los clásicos (según Italo Calvino), siempre tienen algo más que decirnos, siempre invitan a caminar hacia renovados horizontes. Eso pasa no sólo al frecuentar los espléndidos textos de sus filósofos y literatos, sino también al meditar sobre estatuas y ruinas, y al repensar los antiguos e inquietantes mitos de tantos ecos. La atención y la relectura del pasado resulta siempre una sólida y amplia base para la verdadera educación personal, esa *paideia*, tan apreciada por los griegos.

Pero no conviene alargar las líneas de un prólogo que sólo intenta recomendar este nuevo, atractivo, breve y documentado libro de Ricardo Moreno, en sintonía con sus ensayos anteriores, de perspectiva humanista.

INTRODUCCIÓN

SOY HISTORIADOR DE LA CIENCIA por afición y he sido educador por profesión. Ambas tareas, la que fue mi oficio y la que todavía es mi pasatiempo, me han hecho pensar mucho en Grecia y en lo que a ella debemos. Y resumiendo un poco las ideas, pienso que a los griegos debemos todo o casi todo lo bueno del mundo en que vivimos. Y que las luces que nos ayudan a mejorar las cosas buenas y superar las malas también nos llegan de Grecia. Vamos a ver por qué esto es así. ¿No debemos cosas a Egipto y Babilonia, de quienes los mismos griegos se consideraron deudores? ¿Qué es lo que tiene la civilización griega para que nos marque de un modo tan cualitativamente distinto de como nos marcaron las otras? Porque si en Grecia se hicieron cosas bellas, también se hicieron en Egipto y en Babilonia. Pero sucede que los griegos, además, reflexionaron sobre la idea de belleza. En Grecia se hizo matemática, lo mismo que en Egipto y en Babilonia. Pero los griegos, además, reflexionaron sobre la naturaleza de los conceptos matemáticos. Los griegos se relacionaban entre sí y con los pueblos vecinos; en algunas ocasiones vivían en amistad con ellos y, en otras, estaban en guerra. En la guerra unas veces eran valientes y otras veces eran cobardes. Lo mismo que cualquier otro pueblo. Pero los griegos, además, reflexionaron sobre la amistad y el amor, la paz y la guerra, el valor y la cobardía. Esto es, los griegos no sólo hacían cosas, sino que también reflexionaban sobre las cosas que hacían. Dicho de otro modo, los griegos *filosofaron*. Explicado de una manera un poco tosca, filosofar es reflexionar sobre lo que hacemos cuando no estamos filosofando. Digamos que el quehacer filosófico consiste en la reflexión sobre el resto de los quehaceres. La técnica por sí misma no significa un progreso si no está acompañada por un pensamiento que marque sus límites y explore sus posibilidades más humanas. Y esta necesidad de pensamiento es lo que nos obliga a seguir reflexionando, a seguir siendo griegos para seguir siendo civilizados.

Hoy día se desprecia a Grecia y se desprecian las lenguas clásicas, y algunos ignorantes justifican esta desconsideración al amparo de «la caducidad de los saberes», como si los saberes fueran yogures. Se podría pensar que esto es un error de los tantos cometidos por nuestras autoridades educativas, pero no es así. No es que se equivoquen por desdeñar el legado grecolatino, es que el desdén por el legado griego, y en general el desdén por lo antiguo, es lo que nos ha llevado al fiasco educativo que vivimos. El olvido de Grecia y del pasado no es un desacierto más entre otros, es el desacierto que está en el principio de casi todos los demás. Si quienes elaboraron la reforma educativa hubieran sido personas más cultas e ilustradas, más conocedoras de nuestra historia y hubieran leído más a los clásicos griegos y latinos, nuestro sistema escolar sería mucho mejor. No estarían tan obsesionados con las nuevas tecnologías y con educar a nuestros alumnos en «cómo desenvolverse en un mundo cada vez más cambiante» (una de las frases favoritas de los pedagogos de vanguardia), porque comprenderían que por muy imprevisible que sea lo que depara el futuro a los jóvenes de hoy, vivirán en un mundo que seguirá siendo heredero de la cultura griega. Y que para entender la sociedad que nos rodea es mucho más ventajoso conocer la mitología clásica que saber mucha informática (aun reconociendo que la informática es una herramienta utilísima para muchas cosas, entre otras para aprender lenguas clásicas). Y nuestros hijos tendrán que ser los administradores de una enorme herencia cultural que habrán de transmitir a nuestros nietos igual que a nosotros nos la transmitieron todos aquellos que amaron el saber, la ciencia y la belleza. Olvidar el pasado no es pensar en el futuro, muy por el contrario: es volver a la barbarie. En cierta ocasión, en un artículo dedicado a la helenista francesa Jacqueline de Romilly, escribió Vargas Llosa en *El País* este hermoso texto:

> Grecia es el símbolo de Europa y los símbolos no pueden desaparecer sin que lo que ellos encarnan se desmorone y deshaga en esa confusión bárbara de irracionalidad y violencia de la que la civilización griega nos sacó.

Casi doscientos años antes, Shelley, el gran poeta romántico inglés, dijo lo siguiente: «Todos somos griegos. Nuestras leyes, nuestra literatura, nuestra religión, nuestras artes tienen su raíz en Grecia». Imposible decirlo mejor y con menos palabras.

Las ideas aquí expuestas las he dicho, escrito y reiterado hasta la saciedad en otros muchos lugares y ocasiones pero, como decía Voltaire, «me repetiré hasta que me entiendan». La novedad quizá esté en que la defensa de estas ideas se hace al abrigo de los pensadores grecolatinos y de algunos de los muchos humanistas que han dado la voz de alarma sobre el suicidio que supone el olvido de los clásicos. Mis modestos saberes proceden de lecturas dispersas, asistemáticas y desordenadas, no soy helenista ni sé griego, y muchas de las cosas que aparecen en este libro las podrían decir o las han dicho ya voces mucho más autorizadas que la mía. Tan es así que las citas ajenas ocupan más espacio que los pensamientos propios. Sólo soy un modesto profesor que se ha ganado la vida enseñando matemáticas elementales a cambio de un cierto estipendio mensual, y que quiere compartir con quien sea que lea este libro su preocupación por el decaimiento de los conocimientos a causa de una reforma educativa elaborada por unos indoctos que desprecian el saber y han desoído las voces más acreditadas de tantos y tan buenos helenistas, latinistas, científicos y humanistas como tenemos en España. Uno de estos grandes helenistas, Francisco Rodríguez Adrados, dijo hace tiempo lo que se puede leer a continuación:

Y esto en un momento en que, si miramos fuera de nuestras fronteras, vemos que el ambiente está cambiando: que ciertos modelos educativos están siendo abandonados, que las lenguas clásicas están siendo reintroducidas. Yo, sin dejar de agradecer lo que se ha hecho, diría que es el momento de reformar valientemente la reforma: la LOGSE y su Reglamentación. En favor no sólo del Griego y del Latín, también de todas la Humanidades: hay un clamor general. Aún se está a tiempo de evitar lo peor. Cuando el profesorado o una parte importante de él haya sido reciclado o se haya desmoralizado del todo, no podremos hacer nada.

Es lo que, en este momento, pido formalmente al Ministerio de Educación y Ciencia. Antes o después, ha de llegar: mejor que sea antes.

Este perentorio aviso fue dado en la conferencia inaugural de un congreso sobre estudios clásicos que tuvo lugar hace ya veinticuatro años. Todo lo que sucedió desde entonces demuestra que la sordera de nuestras autoridades educativas ante las opiniones de quienes más saben y más podrían aportar, lejos de retroceder, progresa con los años de un modo inquietante. Se conoce que la altura de miras para reconocer los errores está fuera del alcance de unos ignorantes que, con el atrevimiento propio de su naturaleza y condición, han demolido la enseñanza en España.

El embrión de este libro es una conferencia impartida en las XXV Jornadas de la Sociedad Española de Estudios Clásicos que tuvo lugar en Valencia en marzo del año 2013. La buena acogida que tuvo entre profesores de griego y latín me animó a escribirlo.

Agradezco a Carmen, mi mujer, y a Enrique, mi hermano, que como siempre fueron mis primeros lectores. A mis amigos María José Martín Velasco y José Antonio López Silva, helenista la primera y latinista el segundo, quienes también leyeron el texto y con su mucho saber y buen entender me aconsejaron muy juiciosamente. Y también a Carlos García Gual, en cuyos libros tanto aprendí y que ha escrito el hermoso prólogo que encabeza este libro.

LOS GRIEGOS Y NOSOTROS
De cómo el desprecio por la antigüedad destruye la educación

¿Por qué Grecia?

EL TÍTULO de este capítulo coincide con el de un libro de la ya citada Jacqueline de Romilly, del cual procede el siguiente texto:

> ¿De dónde viene, de dónde puede provenir, cómo podemos explicar que esas obras griegas de hace veinte o treinta siglos nos transmitan, con tanta fuerza, esa impresión de seguir siendo actuales y de haber sido hechas para todas las épocas?

Ciertamente, esas obras no han perdido vigencia. Cuando leemos a los griegos entendemos perfectamente a Antígona y a Creonte, a Héctor y a Aquiles, podemos ponernos en la piel de cualquiera de ellos y comprendemos sus desencuentros, sus prejuicios, sus razones y sus puntos de vista. Cuando leemos un diálogo de Platón nos sorprendemos argumentando mentalmente y participando en la conversación, porque los temas de los que se habla nos interesan y las preocupaciones de quienes en ella participan son también las nuestras. Pensamos como los griegos porque ellos nos enseñaron a pensar y por esta razón sus obras nos son contemporáneas. Dicho más escuetamente: no es que nosotros pensemos como los griegos, es que somos griegos. Así de fácil y de sencillo. Renegar de Grecia es renegar de nosotros mismos. En *El estío*, de Albert Camus, hay un precioso pasaje que apunta en la misma dirección:

> Rechazar el fanatismo, reconocer la propia ignorancia, los límites del mundo y del hombre, el rostro amado, la belleza, en fin, he ahí el campo donde podemos reunirnos con los griegos.

A la pensadora francesa Simone Weil también le interesaron los griegos en cuanto que a través de ellos nos entendemos nosotros mismos. En su obra *La fuente griega* hay un capítulo dedicado a Antígona que se abre con este texto:

> Hace dos mil quinientos años se escribían en Grecia poemas hermosísimos. Ahora ya casi no son leídos más que por gentes que se especializan en su estudio, lo que es una lástima. Pues esos viejos poemas son tan humanos que están todavía muy cerca de nosotros y pueden interesar a todos. Serían aún más conmovedores para el común de los hombres, aquellos que saben lo que es luchar y sufrir, que para la gente que ha

pasado toda su vida entre las cuatro paredes de una biblioteca.

Pero, lamentablemente, este lugar insustituible que ocupa entre nosotros la cultura griega es ignorado por muchos de nuestros expertos en educación, a los cuales no les provoca ninguna lástima que las obras griegas sean poco leídas. Por poner un ejemplo (entre tantos que se podrían escoger) valga el testimonio de la profesora Alicia Rubio Calle de cuando, recién licenciada en Filología Clásica, asistía a los cursos de adaptación pedagógica:

En la primera clase que nos impartió un individuo del que no aprendí nada, y a la que asistíamos en un aula enorme los alumnos recién licenciados de varias facultades de Filología, ya se nos avisó de que se avecinaban tiempos nuevos: «Los de clásicas podéis hacer una pajarita con el título, que ya no os va a servir para nada», dijo el chistoso docente salmantino a quienes llevábamos cinco años aprendiendo, en lengua original, el saber de los pueblos que pusieron una nada despreciable parte de las bases de lo que hoy somos.

«Una pajarita con el título.» El latín y el griego desaparecían del sistema educativo. Yo no conocía a Marchesi, pero aquel docente que no transmitía nada útil, sí. Y sabía que se estaba fraguando, probablemente con su intervención, un nuevo sistema educativo donde sobraba todo cuanto los clásicos nos transmitieron: respeto a los mayores, deseo de superación, búsqueda de las leyes justas y el bien común, asunción de responsabilidades, capacidad de esfuerzo, sacrificio por ideales, espíritu crítico, búsqueda de la verdad...

Llevaba cinco años en Salamanca empapada en Cicerón, Platón o Demóstenes, pero ni conocía a Marchesi ni tenía conocimiento de que un grupo de sabios pedagogos y psicólogos infantiles se disponían a cambiar el mundo comenzando por descartar del sistema educativo a aquellos pensadores obsoletos y escritores aburridos.

Ciertamente esta historia, con ser muy significativa, es tan sólo una anécdota. Pero sucede que es una de muchas, y se pueden aportar varias pruebas más que demuestran la incultura de nuestros expertos en educación que, con la osadía propia de los ignorantes, desdeñan el griego, el latín y la antigüedad en general. Pondremos tres ejemplos. El primero es un texto de Mariano Fernández Enguita, quien, hablando del bachillerato de excelencia, escribió en cierta ocasión en su blog lo siguiente:

Pero, cuando pasamos a la modalidad de Humanidades y Ciencias Sociales, la *excelencia* se manifiesta, de momento, en que los alumnos habrán de estudiar obligatoriamente latín. No esperaba semejante sandez. Aunque llevo decenios oyendo y leyendo los argumentos de la SEEC y de legiones de profesores y estudiantes de latín, nunca he podido tomarme en serio su pretensión de que éste es necesario para dominar la lengua castellana (o cualquier otra romance), para recuperar el legado clásico, para educar en la tolerancia o como centro de las humanidades, etc. Dudaría de su inteligencia si no comprendiera que, al fin y al cabo, están luchando por sus puestos de trabajo, presentes y futuros.

Las «humanidades» de hoy se llaman, como siempre, Literatura, Historia, Geografía, Arte... y también Derecho, Economía, Sociología, Antropología, Comunicación..., pero en ningún caso Latín ni Griego. Éstos son objetos de estudio muy respetables para la universidad (y para los seminarios diocesanos); incluso, forzando las cosas, como materias optativas a sus puertas, por tanto en el bachillerato, pero es un disparate y un dispendio convertirlas materias obligatorias.

Para valorar justamente este pasaje, nada mejor que contrastarlo con otro de don Miguel de Unamuno (procedente de un artículo titulado «Sobre la enseñanza del clasicismo») y que el lector extraiga sus propias conclusiones: «No quiero hacer helenistas, sino hombres cultos con sentido del espíritu clásico helénico y gusto por la antigüedad».

Pero el texto que estamos discutiendo revela, además de la exigua cultura de su autor, su incapacidad para defender su propia postura, porque tan sólo aporta un argumento *ad hominem*: «Dudaría de su inteligencia si no comprendiera que, al fin y al cabo, están luchando por sus puestos de trabajo, presentes y futuros». Es de suponer el señor Fernández Enguita albergará serias dudas (y en su derecho está) sobre la inteligencia de quien esto escribe, porque ni es profesor de lenguas clásicas ni pelea por su puesto de trabajo. Qué le vamos a hacer. Y por supuesto, a juicio del mentado señor, todos los filólogos y académicos que desde hace mucho denuncian la ausencia del latín y el griego en el bachillerato sólo están muy preocupados por su puesto de trabajo. En realidad, la decadencia de los estudios clásicos y el declive cultural de nuestro país por culpa de unas leyes educativas delirantes les da igual. ¡Qué sabrá don Miguel de Unamuno!

El segundo es un texto de Elena Martín Ortega, procedente de un artículo titulado «El papel del currículo en la reforma educativa española»:

En los últimos años se ha asistido a un intenso debate social sobre el peso de las humanidades en el currículo, desde unas posiciones que, en nuestra opinión, responden a una visión reduccionista del humanismo difícil de defender con los datos cuantitativos en la mano. En la discusión se transmite una concepción del humanismo en la que, por ejemplo, no se entienden incluidas asignaturas como Ciencia, tecnología y sociedad, o Ciencias ambientales. Una concepción por tanto que rechaza que la actitud humanista de la persona de nuestros días tenga que ver entre otras cosas con la comprensión de la acción humana sobre su entorno y el respeto al medio ambiente, con nociones como el desarrollo sostenible, o con el papel de la economía en la situación de la humanidad o inhumanidad en la que vive gran parte de la población del planeta. El latín y el griego se siguen considerando más humanistas que estos conocimientos, y se observa una resistencia a admitir que «filosofía» puede ser también el análisis de los dilemas morales que los conflictos apuntados plantean a la sociedad y al individuo.

Como ya se apuntó unas páginas atrás (y se volverá sobre ello), la tecnología no sólo es útil, sino que también es a veces un vehículo de cultura, pero no es cultura en sí misma. La ciencia, en cuanto que distinta de la teología, ya forma parte de las humanidades, y así opinaban los pensadores renacentistas. La división entre ciencias y letras es algo relativamente reciente y, como se intentará demostrar en las páginas que siguen, completamente absurda. Y el respeto por el medio ambiente es una actitud cívica que se ha de inculcar, desde luego, igual que el respeto por el patrimonio artístico, pero tampoco eso es cultura. Si alguien observa que un retablo de una cierta iglesia se está deteriorando por culpa de una gotera y avisa a quien corresponda para que se subsane el estropicio lo antes posible, se ha comportado como un ciudadano ejemplar, no cabe duda. Pero eso no implica necesariamente que sea una persona culta, ni un gran humanista, ni siquiera un entendido en arte. Simplemente sabe, y es bueno que así sea, que lo que pertenece a todos lo debemos cuidar entre todos. Y según la profesora Martín, «se observa una resistencia a admitir que 'filosofía' puede ser también el análisis de los dilemas morales que los conflictos apuntados plantean a la sociedad y al individuo». Esta afirmación revela una ignorancia filosófica enciclopédica. ¿Desde cuándo la filosofía se ha resistido a analizar dilemas morales? Si algo ha hecho la filosofía, desde Sócrates hasta nosotros, es precisamente analizar dilemas morales. Reflexionar sobre problemas morales ha sido casi y desde siempre el quehacer filosófico por excelencia.

El tercer texto procede de un artículo titulado «¿En qué siglo vive la escuela? El reto de la nueva cultura educativa», de los profesores Carles Monereo Font y Juan Ignacio Pozo Municio:

A menudo la escuela enseña contenidos del siglo XIX con profesores del siglo XX a alumnos del siglo XXI.

La frase anterior resume una paradoja que suele acompañarnos en nuestro quehacer docente. Por una parte, especialmente en la enseñanza no universitaria, se imparten bastantes contenidos que resultan obsoletos y no responden a los avances de las investigaciones que se desarrollan en cada disciplina. Por otra, estén o no actualizados sus contenidos, cada vez está menos claro cuál es la función de cada una de esas disciplinas en la formación de los futuros ciudadanos.

¿Es realmente imprescindible estudiar filosofía para tener una conciencia crítica, como «casualmente» sostienen los filósofos? ¿O esa conciencia puede lograrse hoy desde otros saberes, por ejemplo a partir del estudio de las ciencias cognitivas? Para que el alumnado conozca mejor su propia lengua y cultura, pongamos el castellano o el catalán, ¿debe conocer realmente la cultura clásica griega o latina? ¿No sería mejor que estudiaran otras lenguas y culturas contemporáneas, hijas también de aquella tradición? ¿El conocimiento social de los ciudadanos debe reducirse solamente a la geografía y la historia? ¿No necesitan también conocimientos económicos, antropológicos o psicológicos? Así pues, ante este panorama cabe preguntarse: ¿estamos enseñando a nuestros alumnos y alumnas los contenidos que les permitirán interpretar, adaptarse y, en su caso, transformar el mundo en el que les tocará vivir?

Es difícil expresar el desprecio por el conocimiento de un modo más escueto, sintético y esquemático a como lo hace la cita que encabeza el texto precedente. Si los saberes anteriores al siglo XIX ya están obsoletos, no sólo habría que prescindir de la cultura grecorromana, también de los romances medievales, del Siglo de Oro español y de la Ilustración. Y por supuesto, también de la geometría analítica y del cálculo infinitesimal, creaciones ambas del siglo XVII. La matemática accesible a un estudiante de bachillerato llega como mucho a los umbrales del siglo XIX. Así que fuera con ella.

Ninguna de las afirmaciones contenidas en los tres textos sería suscrita por ninguno de los grandes humanistas del mundo, ni contemporáneos ni del pasado. Es verdad que tienen un ilustre precedente en el ministro franquista José Solís Ruiz, quien en cierta ocasión dijo: «Más gimnasia y menos latín». Que sus autores sean profesores de universidad es realmente alarmante y muy revelador del penoso estado de algunas de nuestras facultades. Es muy instructivo cotejar estos textos con otro del filólogo clásico Antonio Alvar Ezquerra, también catedrático de universidad (¡no todo está perdido!):

> Frente a todo este inquietante panorama, los que amamos el mundo clásico y hemos dejado nuestra vida en él, alzamos nuestra voz y decimos una vez más que el conocimiento del latín contribuye de manera decisiva e irremplazable al conocimiento del propio idioma, que el aprendizaje de la más importante lengua de cultura que ha conocido la Humanidad fortalece la mente y genera saberes racionales, que la práctica de la traducción –y los textos de Cicerón son el punto de partida imprescindible– fomenta a base indudablemente de esfuerzo la capacidad individual de trabajo intelectual y contribuye más que ninguna otra experiencia a entender la «sintaxis» del mundo que nos ha tocado vivir.

El conocimiento de los mitos griegos puede ser más útil para entender lo que nos rodea que el libro de sociología más reciente y vanguardista, porque esos mitos han superado sus casi primeros tres mil años de vida sin perder su frescura ni su vigor. Hay unas sabias palabras de Marguerite Yourcenar (procedente de su artículo «Mitología griega y mitología de Grecia», publicado en *Peregrina y extranjera*) que vienen muy al caso:

La mitología griega, o más bien su utilización con fines artísticos o literarios, comienza poco más o menos con Eurípides, si no con Homero, y ha continuado hasta nosotros. Con el mismo rango que el álgebra, la notación musical, el sistema métrico decimal y el latín eclesiástico, ha sido para el artista y el poeta europeo una tentativa de lenguaje universal.

El escritor estadounidense Henry David Thoreau dedica un capítulo de su obra *Walden* a la lectura, unas de las más bellas páginas que se han escrito sobre esta importante y hermosa cuestión. Considera indispensable el trato con los clásicos grecolatinos y razona su postura de la siguiente manera:

A veces los hombres creen que el estudio de los clásicos tiene que ceder el paso, por fin, a saberes más prácticos y modernos, pero el estudiante aventurero siempre leerá a los clásicos, cualquiera que sea la lengua en que están escritos y por antiguos que sean. Pues, ¿qué son los clásicos sino el registro de los más nobles pensamientos del hombre? Son los únicos oráculos que no han decaído y brindan tales respuestas a la investigación más moderna como nunca dieron Delfos y Dodona. De igual modo podríamos omitir el estudio de la naturaleza por ser vieja.

Más adelante, después de recordar que Alejandro llevaba consigo en sus expediciones la *Ilíada*, dice: «El símbolo de los antiguos se convierte en la expresión de los modernos».

Y si se ha de proporcionar a los estudiantes «los contenidos que les permitirán interpretar, adaptarse y, en su caso, transformar el mundo en el que les tocará vivir», el estudio de la historia es imprescindible. No podemos adaptarnos, ni interpretar, ni cambiar el mundo en que vivimos si no lo conocemos bien. Y nuestro mundo es un palimpsesto escrito sobre el Romanticismo, que fue escrito sobre la Ilustración, que fue escrita sobre la Contrarreforma, que fue escrita sobre el Renacimiento, que fue escrito sobre la Edad Media, que fue escrita sobre el mundo latino, que a su vez fue escrito sobre Grecia. Grecia, que aparece siempre una y otra vez. Sólo conociendo ese pasado podemos conocer nuestro presente, porque somos el resultado de todo lo que nos precedió, y porque nunca alcanza la madurez quien vive en un perpetuo ahora sin ayer ni tradición. Cicerón, en *El orador*, lo explica de esta manera:

Conozca además la historia, sobre todo la de nuestra ciudad y la de los imperios más poderosos y reyes más ilustres, cuyo trabajo nos facilitó nuestro Ático, recogiendo en un libro las Memorias de setecientos años, con indicación precisa de los tiempos, sin omitir nada señalado. El ignorar lo que sucedió antes de nacer nosotros es como ser siempre niños. ¿Qué es la edad humana si por memoria de las cosas antiguas no se enlaza con las edades anteriores? El recuerdo de los hechos de la antigüedad añade, a la vez que sumo deleite, mucho crédito y autoridad al discurso.

Muchos años después el filósofo e historiador italiano Benedetto Croce dijo algo muy similar, si bien más lacónicamente que Cicerón: «Toda la historia es historia contemporánea». Y más bellamente lo dijo Oscar Wilde: «Todas las cosas hermosas pertenecen a la misma época».

Lo mismo sucede con la filosofía: ni Hegel deja obsoleto a Kant, ni Kant a Descartes, ni Descartes a Aristóteles. Cada pensador empezó sus reflexiones a partir de las de quienes habían reflexionado antes que él, por eso ningún filósofo, por muy decisivo que sea ni por muy de moda que esté, convierte en prescindibles a sus antecesores. Por eso hay que estudiar filosofía, porque el pensamiento crítico comienza con los griegos, y sólo de ellos podemos aprenderlo, y porque toda la filosofía posterior no es más que un diálogo con los griegos. Los griegos no sólo han sido nuestros maestros en filosofar, también son nuestros compañeros de viaje. Y también se han de seguir estudiando las lenguas clásicas, porque dan acceso a una literatura extraordinaria y porque sin el mundo grecolatino seríamos ininteligibles. Es por esta razón que el estudio de la filosofía no puede ser sustituido por el de las ciencias cognitivas, ni el estudio de la cultura griega por el de ninguna otra cultura contemporánea, por muy hija de Grecia que pueda ser. Esto lo explica muy bien el gran historiador del arte Ernst H. Gombrich en su *Breve historia de la cultura*:

> La herencia clásica constituye una zona de metáforas, un mercado común de símbolos e ideas que trascienden las fronteras tanto de las naciones como de las épocas de una forma que a las literaturas nacionales les resulta imposible.

Por otra parte, esa preocupación por la utilidad de los contenidos es ignorar algo importantísimo si queremos ser civilizados: el saber es un valor en sí mismo. Es curioso este olvido ahora que tanto se habla de la «educación en valores». Cuando se desprecian los contenidos, cuando se dice que lo decisivo son las destrezas, que no es tan importante que el alumno sepa cosas como que sepa aprender a aprender, se está olvidando nuevamente el legado griego. Por supuesto que se puede cuestionar el valor del saber, como se puede cuestionar el valor de la salud. Quien opine que la salud es algo malo porque esta vida es un asco y que cuanto antes se muera uno mejor, está en su derecho al pensar así, pero no sería coherente que se metiera a médico. Del mismo modo, quien no entienda el saber como un valor, que no se haga profesor. Pues aunque parezca increíble, en ciertos ambientes académicos se cuestiona el valor del saber, algo así como si entre médicos se cuestionara el valor de la salud. Y ese desprecio del saber es una de las causas que han llevado a la casi extinción de las lenguas clásicas. Cuando alguien pregunta por qué se han de estudiar las lenguas clásicas, conviene tener presente lo que dice Italo Calvino en su muy recomendable libro *Por qué leer los clásicos*: «¿Por qué se debe leer a los clásicos? Pues porque es mejor haberlos leído que no haberlos leído». Del mismo modo: ¿por qué hay que estudiar latín y griego? Pues porque es mejor saber latín y griego que no saber latín y griego. Es cierto que quien ama el saber ya no hace la pregunta, y quien no ama el saber no entiende la respuesta, y por ello el diálogo entre las personas cultas y las ignorantes es siempre un diálogo de sordos. La tragedia de la educación en España consistió, precisamente, en que sus reformadores fueron reclutados entre los segundos.

La defensa de las lenguas clásicas es ahora más necesaria que nunca, pero en realidad siempre ha sido necesaria, porque gentes iletradas que intentaban torpedearlas siempre han existido. Ni la estupidez ni la ignorancia son una creación de la modernidad. Como ejemplo, el siguiente texto del pensador marxista Antonio Gramsci extraído de sus *Cuadernos de la cárcel*, escritos en 1932:

En la vieja escuela el estudio gramatical de las lenguas latina y griega, unido al estudio de las literaturas e historias políticas respectivas, era un principio educativo en la medida en que el ideal humanista, que se encarna en Atenas y Roma, estaba difundido en toda la sociedad, era un elemento esencial de la vida y la cultura nacional. Incluso el aspecto mecánico del estudio gramatical estaba basado en la perspectiva cultural. Las nociones aisladas no eran asimiladas para un fin inmediato práctico o profesional: el aprendizaje parecía desinteresado, porque el interés era el desarrollo interior de la personalidad, la formación del carácter a través de la absorción y asimilación de todo el pasado cultural de la moderna civilización europea. No se aprendía latín y griego para hablarlos, para trabajar como camareros, como intérpretes, como agentes comerciales. Se aprendía para conocer directamente la civilización de ambos pueblos, presupuesto necesario de la civilización moderna, o sea para ser uno mismo y conocerse a uno mismo conscientemente. Las lenguas latina y griega se aprendían según la gramática, mecánicamente. Pero hay mucha injusticia e impropiedad en la acusación de mecanicismo y aridez. Hay que vérselas con muchachitos a quienes se ha de inculcar ciertos hábitos de diligencia, de exactitud, de compostura incluso física, de concentración en determinados temas que no se pueden adquirir sin una repetición mecánica de actos disciplinados y metódicos. ¿Un estudioso de cuarenta años sería capaz de permanecer ante su escritorio durante dieciséis horas seguidas si de niño no hubiese adquirido los hábitos apropiados?

Y todavía podemos remontarnos más atrás. En el año 1867, en su toma de posesión como rector de la Universidad de Saint Andrews, John Stuart Mill pronunció una conferencia sobre la utilidad del estudio del griego y el latín, e insistía en la importancia de acceder directamente a los pensadores clásicos:

> Los libros modernos no nos revelan a los griegos y a los romanos, sino las opiniones de algún escritor moderno sobre los griegos y los romanos. Las traducciones no son mucho mejores. El lenguaje moderno nunca expresa el sentido fiel de un pensador griego. No puede hacerlo, salvo mediante un difuso rodeo aclaratorio que ningún traductor se atrevería a usar. En cierta medida, debemos ser capaces de pensar en griego si queremos comprender cómo pensaba un griego.

Esto puede parecer hoy un poco exagerado. Actualmente contamos con versiones en castellano de obras griegas y latinas que, con todas las limitaciones propias de cualquier traducción, son altamente fiables y facilitan a los profanos el acceso a los clásicos. Ahora bien, si hay buenas traducciones es porque hay buenos helenistas y latinistas, y para que los siga habiendo sería necesario incrementar la escuálida representación que tienen actualmente el griego y el latín en las enseñanzas medias. No parece que la pedagogía al uso esté muy por la labor. En otro lugar de su disertación insiste Stuart Mill en la importancia del estudio de las ciencias y, lo que es más importante, su compatibilidad con el de las humanidades. Para él, la alternativa entre ciencias y letras es una falsa alternativa.

Podría discutirse si una persona capaz de disfrutar leyendo la *Eneida* de Virgilio o las *Coplas* de Jorge Manrique, escuchando una sinfonía de Mozart, resolviendo un problema de matemáticas o visitando un museo estará muy preparada para adaptarse y transformar la sociedad en la que le tocará vivir, pero es indiscutible que es más *persona* que si no supiera disfrutar de todas esas cosas. Muchos aportes matemáticos griegos fueron debidos más a la curiosidad intelectual que a cubrir necesidades, y no encontraron aplicaciones hasta muchos siglos después. Una ciencia que busque sólo aplicaciones prácticas acabaría por estancarse y sería muy poco práctica. Y si una parte del legado griego es el saber que reflexiona sobre sí mismo (y eso es que lo llamamos «filosofía»), la otra es el saber como un valor en sí mismo (y es lo que llamamos «cultura»). Naturalmente que también para culturizarse son útiles habilidades puramente prácticas, pero nunca deben confundirse ambas cosas. Quien sepa conducir no es más culto que quien no sabe, pero evidentemente tiene más facilidad para viajar y conocer mundo que quien no sabe, y también tendrá más fácil desplazarse a una ciudad vecina en cuya biblioteca podrá consultar un libro que no encuentra en la de su propia ciudad. Del mismo modo, internet es una herramienta eficacísima para acceder a obras y artículos que de otro modo estarían fuera de nuestro alcance, pero no son más que medios. Y por supuesto, no se puede acceder ni a la física más básica sin manejar bien el Sistema Métrico Decimal, las fracciones y los decimales, conocimientos prosaicos y utilitarios donde los haya. Pero si queremos convertir a los estudiantes en seres pensantes, se ha de primar el saber en el sentido más cultural, el que no es medio para otra cosa, el que no encuentra su razón de ser más que en sí mismo. Y en las enseñanzas medias no se deben enseñar los saberes más punteros, objeto de legítimo interés en los centros de alta investigación, sino transmitir los saberes bien establecidos (la mayoría de los cuales, por lo menos en matemáticas, son anteriores al siglo XIX), aquellos que ya han pasado el filtro del tiempo. Saberes que, si no se transmiten, se perderán, y con ellos a la larga también la investigación puntera. En sus *Escritos pedagógicos* lo aclara muy bien el filósofo Manuel García Morente:

Esta obra común humana, la cultura, se eleva por encima de las contingencias y limitaciones individuales porque es el foco en donde las diversas capacidades se completan. Los individuos pasan y mueren, los trabajos de cada uno de nosotros son imperfectos e incompletos. Pero las labores individuales entran a formar parte de lo que no pasa ni muere, sino que es siempre vivo y está en perenne marcha progresiva: la cultura. Así, si quisiéramos hacer una historia universal de la humanidad desde sus más oscuros orígenes hasta hoy, esta historia sería forzosamente no la de los individuos —vidas breves e imperfectas— sino la de los tesoros espirituales que han dejado tras sí las generaciones. Si la humanidad es la cultura, la historia de la humanidad será la historia de la cultura.

En su libro *El alma del ateísmo* el filósofo francés André Comte-Sponville dice algo que va en la misma dirección:

Sólo mediante la transmisión del pasado a los hijos les permitimos inventar su futuro. Sólo si somos culturalmente conservadores podemos ser políticamente progresistas.

Y si no sabemos conservar a Grecia, no sabremos conservar ninguna otra cosa.

La historia de dos ciudades

HACIA MEDIADOS del siglo III a.C., en la ciudad de Alejandría, se abordó la ingente tarea de traducir la Biblia al griego. La empresa se prolongó a lo largo de casi cien años, y concluyó con la incorporación del Libro de la Sabiduría (erróneamente atribuido a Salomón), del cual no existen versiones en hebreo ni en arameo. Presumiblemente fue redactado ya en griego. Según cuenta una leyenda (transmitida a través de la *Carta de Aristeas*), la labor fue encomendada a setenta y dos sabios judíos, seis de cada tribu, y aunque trabajaron independientemente, las versiones definitivas fueron idénticas. El final de la historia es inverosímil, pero sí es verdad que en la tarea colaboraron muchos estudiosos. Quizá no fueran exactamente setenta, pero la traducción suele ser llamada la *Biblia de los Setenta* o *Septuaginta*. A veces también se la conoce con el bello nombre de *Canon de Alejandría*, aludiendo al lugar donde fue elaborada y a que fue la versión utilizada por los judíos de habla griega.

Uno de estos judíos, Filón de Alejandría (cuya vida se extiende aproximadamente desde el año 15 a.C. hasta el 45 d.C.), intentó armonizar el saber griego con el judaísmo interpretando la Biblia según los procedimientos alegóricos utilizados por los filósofos para llegar hasta el fondo de los mitos. Sorprendentemente, la influencia de Filón fue menor entre los griegos y los judíos que entre los cristianos.

Clemente de Alejandría (quien vivió entre los siglos II y III) fue, a juicio de muchos historiadores, el primer gran teólogo del cristianismo. Siguiendo la estela de Filón, sostenía que la filosofía griega no era contraria a la fe, sino un valioso instrumento para profundizar en ella. Dando por buena la revelación, igual que si fuera un axioma, se puede avanzar en su conocimiento mediante las herramientas intelectuales que nos proporcionan los pensadores griegos. El *Logos* había irrumpido en la historia y la luz que arrojaba sombras en la pared de la caverna de Platón era la luz de Cristo. En palabras del propio Clemente: «Por el *Logos* todo el mundo se ha convertido en Atenas y Grecia».

Tertuliano, contemporáneo del alejandrino, no compartía este entusiasmo, como inequívocamente lo manifiesta la cita que viene a continuación (extraída de su obra *De praescriptione haereticorum*):

¿Qué tiene que ver Atenas con Jerusalén? ¿Y la Academia y la Iglesia? ¿Y los herejes con los cristianos? Nuestra doctrina viene del pórtico de Salomón, que había enseñado que es necesario buscar a Dios con simplicidad de corazón. Tanto peor para los que ponen al día un cristianismo estoico o platónico. Nosotros no tenemos ninguna curiosidad, después de la venida de Cristo, ni necesitamos investigaciones después de la aparición del Evangelio. Creemos y no deseamos nada más allá de la fe, porque lo primero que creemos es que no hay nada que creer más allá del objeto de la fe. ¿Qué parentesco existe entre un filósofo y un cristiano? ¿Entre un discípulo de Grecia y un discípulo del cielo? ¿Entre uno que trabaja por la gloria y el que trabaja por el cielo?

Este desprecio por lo griego tiene actualmente muchos simpatizantes. Véase por ejemplo lo siguiente:

Qué absurdo resulta desde esta perspectiva volver a la antigüedad grecolatina, cuyos problemas están tan lejos de los nuestros. Tomar el espíritu de los humanistas, en lo que tenía de revolucionario, es precisamente lo contrario de seguir enseñando cosas de forma que no se corresponde para nada con las necesidades del presente y del futuro.

Este texto procede del libro *Los fines de la educación*, cuyo autor es Juan Delval Merino, catedrático de universidad (¡vaya por Dios!) de Psicología evolutiva y educación. Sobre el tema de lo «lejos» que están los problemas de los griegos de los nuestros ya se habló y se volverá a hablar a lo largo de este libro. Y si la revolucionaria tarea de los humanistas del Renacimiento consistió en rescatar el saber griego de quienes lo entendían tan sólo como un servidor de la teología, los humanistas de hoy tienen la urgente y no menos revolucionaria tarea de rescatarlo del olvido en el cual gentes incultas e ignorantes pretenden enterrarlo. Del texto del profesor Delval y de otros que ya han sido exhibidos en el capítulo precedente se deduce que los seguidores actuales de Tertuliano se reclutan sobre todo entre los partidarios de las nuevas pedagogías. No es una casualidad: los pedagogos pretendidamente vanguardistas son los bárbaros de la modernidad.

Por fortuna para la filosofía y la ciencia, el pensamiento de Tertuliano tuvo en su momento pocos adeptos. Orígenes de Alejandría, algo posterior a los anteriores y discípulo de Clemente, también creía en una posible colaboración fructífera entre las Escrituras y la razón. Intentó repensar la idea de Dios que pudieran tener las gentes sencillas a la luz de la filosofía platónica y, lo mismo que Platón, pensaba que las almas eran eternas y que sólo provisionalmente estaban recluidas en un cuerpo.

Entre los siglos IV y V vivió Agustín de Hipona, uno de los pensadores cristianos más influyentes, quien explicó la oposición entre el Creador y lo creado a la luz de la oposición platónica entre la idea (lo único que verdaderamente *es*) y la cosa (tan sólo reflejo de la idea). Dios es, así, el lugar de lo inteligible, y en Su mente coloca san Agustín el mundo de las ideas postulado por Platón. Es verdad que la mayor parte de los teólogos altomedievales consideraban que el saber profano estaba subordinado al religioso (*philosophia ancilla theologiae*), pero lo decisivo está en que los hijos de Jerusalén no renunciaron a la filiación ateniense.

En el año 395 muere el emperador romano Teodosio dejando el imperio repartido entre sus dos hijos. La antigua unidad imperial ha quedado rota para siempre. Y en el 476 Odoacro, rey de los hérulos, depuso a Rómulo Augústulo, el último emperador de Roma. Los historiadores suelen extender con esta fecha la partida de defunción del Imperio romano y la de nacimiento de la Edad Media. En la mitad oriental, la tradición griega se va imponiendo a la latina, mientras que en la occidental, bajo la influencia germánica, se pierden las raíces helénicas. Empieza un largo y difícil camino de recuperación del saber griego y también de la idea griega del saber como algo intrínsecamente valioso, y no tan sólo como soporte para la teología. El camino se inicia gracias a compiladores que se ocuparon de recoger y divulgar lo poco que aún se conservaba, como Boecio y Casiodoro en Italia, san Isidoro de Sevilla en España y Beda el Venerable en Inglaterra.

En el año 768 Carlomagno se convierte en rey de los francos e intenta restablecer el Imperio romano de Occidente. Para ello encamina el arte en un sentido muy romanizante y favorece el buen latín y la imitación de los autores antiguos, dando así lugar al llamado «renacimiento carolingio». Para esta ingente tarea contó con la inestimable ayuda de Alcuino de York, antiguo alumno de Egberto de York, quien a su vez había sido discípulo de Beda. Con ocasión de un viaje a Italia, en el año 781, coincidió en Parma con Carlomagno, y éste quedó tan gratamente impresionado por sus cualidades intelectuales que muy pronto le hizo acudir a su corte de Aquisgrán. Enseñó en la Escuela Palatina (que debió su desarrollo al emperador aunque no fue creación suya), donde se impartían las siete artes liberales organizadas según el criterio que había esbozado, allá por el siglo v, el escritor romano Marciano Capella: el *trivium* (gramática, retórica y dialéctica) y el *quadrivium* (aritmética, geometría, astronomía y música). También se ocupó de la copia y corrección de los manuscritos de las Escrituras, y dirigió los trabajos de una revisión de la *Vulgata* ordenada por Carlomagno, gracias a lo cual se pudieron corregir muchos errores debidos a copistas ineptos. Además, entendiendo la necesidad de una escritura uniforme que pudiera ser leída en todos los rincones del imperio, contribuyó a difundir la llamada «minúscula carolingia», más clara y fácil de leer que la merovingia. Fue muy utilizada, incluso más allá de los límites del imperio, hasta el siglo XIII, cuando fue desplazada por la escritura gótica. Alcuino quiso convertir el Imperio carolingio en una nueva Grecia, pero iluminada por el cristianismo, donde las siete artes liberales, las siete columnas de la sabiduría humana, habían de ir de la mano con los siete dones del Espíritu Santo.

Mientras tanto, entre los siglos VII y VIII los árabes crean un imperio que se extendía desde los Pirineos hasta las fronteras de China. Como tantos otros pueblos conquistadores, se interesaron por las culturas de los países conquistados y se dedicaron a estudiar y a traducir sus obras, y de este modo el Occidente europeo empezó a recuperar parte del saber griego a través de versiones árabes. Esta recuperación fue posible en gran parte a dos acontecimientos que tuvieron lugar en el siglo XI. El primero en 1085, cuando el rey castellano Alfonso VI arrebata Toledo a los árabes. Muchos de sus habitantes eran bilingües, y algunos judíos eran trilingües. Alfonso favoreció un clima de amistosa convivencia entre las tres religiones presentes en la ciudad, y gracias a esto Toledo se convirtió en un lugar de encuentro con la ciencia musulmana y griega. El segundo acontecimiento tuvo lugar en el año 1091. Un caballero normando, Roger Guiscardo, expulsa a los árabes de Sicilia. Su población estaba muy marcada por las culturas latina, griega y árabe, y los normandos respetaron este ambiente cosmopolita y políglota. De este modo, Sicilia fue otro centro, el segundo en importancia de Europa, de intercambio entre las culturas islámica y cristiana. Pero los musulmanes, con ser tan admiradores de la ciencia helénica, también son hijos de Jerusalén. Entre los profetas considerados como precursores de Mahoma están Abraham, Moisés y Jesús, y en el Corán hay algunas bellísimas páginas dedicadas a la Virgen María.

A partir de los siglos XII y XIII, cuando los manuscritos griegos se fueron haciendo más accesibles, fue aumentando la proporción de traducciones directas del griego en relación a las elaboradas a partir del árabe, que prácticamente dejaron de hacerse al caer Bagdad bajo el poder de los mongoles. En el año 1205 el papa Inocencio III animó a los estudiantes y maestros de París a viajar a Grecia, y por esas mismas fechas el rey Felipe Augusto de Francia fundó un colegio para que los griegos de Bizancio pudieran aprender latín. Precisamente es la nostalgia de la antigüedad (de la cual se hablará posteriormente) la señal del hombre europeo, que se va perfilando a lo largo de toda la Edad Media.

En el siglo XII nacen en Córdoba dos grandes pensadores: el judío Maimónides y el musulmán Averroes. Ambos estaban de acuerdo en que no había motivo de enfrentamiento entre la razón y la fe. El primero, en un libro titulado *Guía de perplejos*, expone la concordancia entre la Biblia y el pensamiento griego. Para el segundo, la razón estaba en Aristóteles (por esto fue justamente conocido durante la Edad Media como «el comentarista de Aristóteles») y pensaba que las ideas del Estagirita bien entendidas no atentaban contra las enseñanzas del Corán: ambas cosas estaban igualmente inspiradas por Alá.

Y precisamente de la mano de Averroes se redescubre en la Europa occidental el pensamiento de Aristóteles, hasta entonces un tanto eclipsado por la larga sombra de Platón. Lo que se llamó el «averroísmo latino» fue en principio mirado con recelo por los guardianes de la ortodoxia, hasta que Alberto Magno y su discípulo Tomás de Aquino se ocuparon de repensar la teología cristiana a la luz del pensamiento aristotélico. En todas las cosas sobre las cuales la revelación nada dice, es legítimo seguir la razón, especialmente la razón de Aristóteles (quien fue conocido durante mucho tiempo como «el filósofo», el filósofo por antonomasia), y su lógica fue puesta al servicio de la demostración de la existencia de Dios. Además, Aristóteles sostenía que la realidad sólo se alcanza a través de lo sensible, de manera que la vuelta al aristotelismo llevó a una revalorización de la naturaleza y a un realismo en la literatura y el arte, que se intensificó en el siglo XIV por obra del nominalismo y de Guillermo de Ockham.

Así se llegó al Renacimiento, cuando ya se podían leer directamente los autores clásicos, cuya autoridad intelectual se consideraba superior a la de los Padres de la Iglesia. La vida del hombre tenía un valor que hasta entonces había sido oscurecido por la idea medieval de un destino posterior a la muerte. El hombre dejó de ser algo insignificante frente a Dios, el mundo ya no era un valle de lágrimas y las posibilidades humanas se convirtieron en el centro de atención en detrimento de la teología. La mentalidad renacentista es sin duda heredera de Petrarca, quien ya en el siglo XIV supo integrar la cultura grecorromana de un modo diferente a como se había hecho hasta entonces. Frente al interés medieval por cristianizar a los pensadores griegos, él los acepta tal como habían brillado en su tiempo y ante sus contemporáneos. Así lo razona el historiador y filósofo suizo Richard Tarnas en *La pasión de la mente occidental*, la más celebrada de todas sus obras:

> Los textos clásicos brindaban un nuevo fundamento para la apreciación del hombre. Los estudios clásicos constituían las «humanidades». Petrarca inauguró la tarea de descubrir y absorber las grandes obras de la cultura antigua, Virgilio y Cicerón, Horacio y Tito Livio, Homero y Hesíodo, no con el fin de inculcar una imitación estéril de los maestros del pasado, sino para infundir en el ánimo la misma moral y el mismo fuego imaginativo que tan soberbiamente habían expresado esos maestros. Europa había olvidado su noble herencia clásica y Petrarca clamaba por su recuperación. Comenzaba a establecerse una nueva historia sagrada, un testamento grecorromano que habría de colocarse junto al judeocristiano.

Escritores posteriores como Erasmo de Róterdam, Tomás Moro y Michel de Montaigne, entre otros, reflexionaron lúcidamente sobre los problemas de sus contemporáneos, una lucidez deudora en muy buena parte del gran conocimiento que tenían de la historia y la literatura grecorromanas. En un artículo publicado en *El País* el 26 de septiembre de 2015, titulado «Escondiéndose en Montaigne», explicaba Muñoz Molina esta idea con meridiana claridad:

Montaigne vivió muy de cerca los horrores de su propia época, desatados por la mezcla letal de la ambición política y el fanatismo religioso, y los interpretó a la luz de la lectura de los clásicos griegos y latinos, del estoicismo de Séneca, el epicureísmo de Lucrecio, la perspicacia histórica de Plutarco. Ahora, el risueño cretinismo de los propagadores de la ignorancia ha puesto de moda la llamada «caducidad de los saberes»: en la Francia trastornada de mediados del siglo XVI, Montaigne reconoció en las obras de los escritores romanos de más de mil quinientos años atrás el diagnóstico de las debilidades y las estupideces humanas que había presenciado.

Las dos mejores cabezas del siglo XVII, Leibniz y Newton, científicos y filósofos ambos, tampoco desdeñaron ocuparse de la teología. Y los ilustrados del XVIII también reflexionaron sobre la hermandad entre Atenas y Jerusalén. Diderot, en sus *Pensamientos filosóficos* dice lo que se puede leer a continuación:

Platón consideraba la Divinidad bajo tres aspectos: bondad, sabiduría y poder. Hay que estar ciego para no ver ahí la Trinidad de los cristianos. Hace casi tres mil años que el filósofo de Atenas llamó *Logos* a lo que nosotros llamamos el Verbo.

Voltaire es más categórico todavía. En su obra *Dios y los hombres*, sostiene lo siguiente: «El platonismo, digámoslo una vez más, es el padre del cristianismo, así como la religión judía es la madre».

El gran crítico y poeta inglés Thomas Stearns Eliot impartió en cierta ocasión tres charlas radiofónicas en alemán sobre la unidad de la cultura europea, que posteriormente fueron publicadas en Berlín en el año 1946. La última de ellas termina recordando la responsabilidad de los hombres de letras en relación a la salvaguarda y transmisión de nuestra cultura y de la necesidad de preservar nuestra doble herencia, siempre a punto de perderse:

No podemos, por el momento, mantener mucho contacto entre nosotros. No podemos, por el momento, visitarnos unos a otros como ciudadanos privados. Si hacemos un viaje es sólo a través de agencias gubernamentales y con obligaciones oficiales. Pero podemos al menos intentar salvar parte de esos bienes de los que somos depositarios: el legado de Grecia, Roma e Israel, y el legado de Europa a lo largo de últimos dos mil años. En un mundo que ha conocido tal devastación material, esos bienes espirituales se encuentran también en peligro inminente.

En 1948, el texto de las tres charlas fue añadido como apéndice del libro *Notas para la definición de la cultura*, traducido al castellano por Félix de Azúa.

George Steiner, el gran teórico de la cultura, sostiene que la historia de Occidente es (parafraseando el título de una célebre novela de Dickens) una *Historia de dos ciudades*. Porque la validez de las imágenes y metáforas que nos proporciona esta larga historia nunca prescribe. Lo explica muy bien en su libro *La idea de Europa*, del cual está tomado el siguiente texto:

> El ambiguo peso del pasado en la idea y sustancia de Europa tiene su origen en una primordial dualidad: la de la doble herencia de Atenas y Jerusalén. Esta relación, a la vez conflictiva y sincrética, ha tenido parte en la discusión teológica, filosófica y política desde los Padres de la Iglesia hasta Lev Chestov, desde Pascal a Leo Strauss. El *topos* es hoy tan fértil y urgente como lo ha sido siempre. Ser europeo es tratar de negociar, moralmente, intelectualmente y existencialmente ideales y aseveraciones rivales: la praxis de la ciudad de Sócrates y la de Isaías.

Chesterton, en un artículo muy divertido (como lo son todos los suyos) titulado «Defensa del absurdo», abunda en esta idea:

Toda gran literatura ha sido siempre alegórica: alegórica de alguna visión del universo en su conjunto. La *Ilíada* es grande sólo porque toda vida es una batalla, la *Odisea* porque toda vida es un viaje, el Libro de Job porque toda vida es un enigma.

Y quien es capaz de comprender que toda vida es a la vez una lucha, un viaje y un enigma podrá comprender muchas cosas más, aunque quizá nunca llegue a resolver el enigma.

Formación y contenidos

EN SU REFLEXIÓN sobre las verdades matemáticas, los griegos aprendieron a distinguir entre las nociones comunes (como que cosas iguales a una tercera son iguales entre sí), un postulado (como el famoso quinto postulado de Euclides, según el cual por un punto exterior a una recta pasa una paralela y una sola) y un teorema, en cuanto algo que procede de verdades anteriores y de las que se deriva según las reglas de la lógica. Esta distinción les permitió ordenar el material de conocimientos, lo cual facilitó a su vez el descubrimiento de conocimientos nuevos. Siempre que aprendemos lo hacemos apoyándonos en lo que ya sabemos, y si lo que ya sabemos está debidamente organizado y estructurado, ofrecerá un apoyo mucho más sólido y estable. En consecuencia, unos saberes bien ordenados nos facilitan el acceso a otros nuevos, y ésa es la razón por la cual una ciencia que reflexiona sobre sí misma produce mejores resultados.

Es cierto que los griegos aprendieron de otras civilizaciones, pero en manos de los griegos esos conocimientos dieron mucho más de sí, precisamente por su capacidad de sistematizar los contenidos del conocimiento. Y esto engancha con una falsa polémica de esas tan queridas por nuestros pedagogos: En la escuela ¿hay que dar formación o contenidos? Pero formar una cabeza no es vaciarla de contenidos, más bien es estructurar y ordenar los contenidos *tal como nos enseñaron a hacer los griegos.* Cuando se habla de «aprender a aprender», otra necedad muy cara a educadores preocupados por parecer avanzados, se olvida que la única posibilidad de aprender cuando ya no se está bajo la tutela del profesor es la de llevarse consigo, al abandonar la escuela, un buen bagaje de conocimientos, y cuantas más cosas se sepan, más puntos de apoyo se tendrán para aprender cosas nuevas. Y cuanto mejor estructurados estén esos conocimientos (esto es: cuanto más ordenada y *formada* esté nuestra cabeza), más estables serán esos puntos de apoyo. Y cuantas más cosas sepamos, más conoceremos nuestra ignorancia y más ansia tendremos por aprender, porque la curiosidad por saber se despierta fundamentalmente estudiando. Y para darse cuenta de que esto es así, no hay más que mirar hacia Grecia.

Y la falsa dicotomía entre formación y contenidos se refleja en los mecanismos del conocimiento, dando lugar a otra dicotomía igualmente falsa: inteligencia y memoria (capacidad esta última cuyo desarrollo está muy descuidado hoy día), cuando ninguna de las dos puede funcionar sin el apoyo de la otra. Se atribuye a Plutarco el siguiente dicho: «La mente no es un vaso por llenar, sino una lámpara por encender». Esto suena muy bien, pero lleva escondida una trampa: la llama de la lámpara no puede arder si no se le proporciona combustible, que ha de ser suministrado desde fuera, porque el fuego no genera su propio carburante. Y para que el cerebro se encienda, para que pueda funcionar como tal, necesita los contenidos del conocimiento, porque de lo contrario no tiene nada sobre lo que reflexionar, y esos contenidos se guardan en la memoria. Digamos que si el cerebro es una lámpara que ha de ser encendida, la memoria es el depósito de combustible sin el cual la lámpara no puede arder.

La importancia del desarrollo de la memoria como una parte insoslayable de la educación ya era conocida por los clásicos. Platón, en el *Protágoras*, sostiene lo que viene a continuación:

Y los maestros se cuidan de estas cosas, y después de que los niños aprenden las letras y están en estado de comprender los escritos como antes lo hablado, los colocan en los bancos de la escuela para leer los poemas de los buenos poetas y les obligan a aprendérselos de memoria. En ellos hay muchas exhortaciones, muchas digresiones y elogios y encomios de los virtuosos hombres de antaño, para que el muchacho, con emulación, los imite y desee hacerse su semejante.

Y en el *Fedón* defiende el papel de la memoria en el proceso del conocimiento:

> Y muchas veces daba vueltas a mi cabeza considerando en primer lugar cuestiones de esta índole: ¿acaso es cuando lo caliente y lo frío alcanzan una especie de putrefacción, como afirman algunos, el momento en que se forman los seres vivos?, o bien: ¿es la sangre aquello con que pensamos, o es el aire o el fuego? ¿O no es ninguna de estas cosas, sino el cerebro, que es quien procura las sensaciones del oído, la vista y el olfato, y de éstas se originan la memoria y la opinión, y de la memoria y la opinión, cuando alcanzan la estabilidad, nace, siguiendo este proceso, el conocimiento?

Y Aristóteles en la *Metafísica* recuerda que sin memoria no hay experiencia:

> Y del recuerdo nace para los hombres la experiencia, pues muchos recuerdos de la misma cosa llegan a constituir una experiencia. Y la experiencia parece, en cierto modo, semejante a la ciencia y al arte, pero la ciencia y el arte llegan a los hombres a través de la experiencia.

Efectivamente, a quien carece de memoria de nada le sirven las experiencias pasadas, está condenado a repetir errores y nunca llegará a madurar. Siempre será un recién llegado al mundo. D'Alembert en el discurso preliminar de la *Enciclopedia* hace una encendida defensa de la erudición y la memoria, apelando además a la autoridad de los clásicos:

Sin duda, la sociedad debe sus principales entretenimientos a los espíritus sensibles y las luces a los filósofos. Pero ni unos ni otros se dan cuenta de hasta qué punto son deudores de la memoria. Ella contiene la materia prima de todos nuestros conocimientos, y a menudo los trabajos del erudito han suministrado al filósofo y al poeta los temas sobre los cuales trabajan. Según un autor actual, cuando los antiguos llamaron a las Musas hijas de la memoria, advertían quizás cómo esta facultad de nuestra alma es necesaria a todas las demás. Y los romanos le elevaban templos, como a la Fortuna.

Es revelador que este texto proceda de un hombre que era filósofo y matemático, no historiador ni erudito. Hay un precioso libro llamado *Elogio de la transmisión* (título ya muy significativo cuando tanto se tiene a gala criticar «la escuela transmisiva», como si la misión de la escuela no fuera precisamente la de transmitir conocimiento), que trata sobre el declive de la enseñanza, el desdén hacia los clásicos y el desprecio por la memoria, escrito al alimón por George Steiner y la escritora y profesora suiza Cécile Ladjalí. Esta última dice lo siguiente:

> Hay determinados pedagogos que consideran que es un gran paso el hecho de que los alumnos se vean liberados del aprendizaje memorístico, de esa relación en cierto modo autista con un texto, de esa especie de tortura que, en el pasado, consistía en aprender poesías y recitarlas delante de toda la clase.

A continuación relata cómo, en una ocasión, hizo aprender a sus alumnos unos cuantos textos de Sófocles de memoria, y les sugirió el monólogo final de *Edipo*. Éste fue el resultado de la experiencia:

> Al principio hube de enfrentarme con una insurrección: no les gustó nada la idea. Pero ahora llevan a Sófocles dentro de sí, en sus corazones, y es cierto que el drama griego les pertenece, y que esto les ha ayudado enormemente a la hora de escribir. De forma casi mágica, el recuerdo de los textos aprendidos de memoria se hacía presente en el momento en que tenían que dejar asentada una sintaxis impecable. Podría probarlo científicamente. Sé cuál es la razón de que determinadas

expresiones valgan la pena: porque detrás de ellas está el haber aprendido de memoria, la memoria de lo infranqueable... Y Sófocles no se separará de ellos jamás.

Y en otro lugar del libro dice:

> Cuando al comienzo del curso les dije que íbamos a trabajar sobre el mito de la caída, realicé una encuesta y vi que todos tenían una vaga idea de lo que representaba la manzana de Adán y Eva, de lo que simbolizaba la serpiente, etcétera. Creo que es ésta la razón por la que debemos asentar nuestra enseñanza en la lectura de los clásicos, porque, de hecho, la biblioteca universal quizá esté contenida en diez libros que, aun sin saberlo, los alumnos llevan en sus alforjas.

En esta misma obra Steiner sostiene: «Nuestra escolaridad, hoy, es amnesia planificada», y también se permite este veredicto categórico: «Quien no sabe enseñar se dedica a escribir manuales de pedagogía». He aquí la opinión de uno de los intelectuales vivos más universales y reputados.

El espíritu crítico

EPICURO comienza su célebre *Carta a Meneceo* con unas palabras que siguen teniendo vigencia:

> Nadie por ser joven vacile en filosofar ni por hallarse viejo de filosofar se fatigue. Pues no hay nadie demasiado adelantado ni demasiado retrasado en lo que concierne a la salud de su alma. El que dice que el tiempo de filosofar no le ha llegado o le ha pasado ya, es semejante a quien dice que todavía no ha llegado o que ya ha pasado el tiempo para la felicidad. Así que deben filosofar tanto el joven como el viejo. El uno para que envejeciendo se rejuvenezca en bienes por el recuerdo agradecido de lo pasado, el otro para ser a un tiempo joven y maduro por su serenidad frente al futuro.

Ahora bien, esta recomendación, con ser válida para nosotros y para el futuro (como casi todas las buenas ideas heredadas de los griegos), tiene la desventaja de que puede ser utilizada como coartada por aquellos educadores delirantes que sostienen que lo más importante no es transmitir contenidos, sino educar a los alumnos para que piensen por sí mismos, para ser personas críticas. En principio, los alumnos son críticos sin que nadie les estimule a ello. Porque es connatural a un adolescente creer que el mundo vivía en tinieblas antes de nacer él y decir frases muy sonoras anunciando como grandes novedades descubiertas por ellos cosas que ya se saben por lo menos desde Tales de Mileto. Pero esto no es filosofar ni pensar por sí mismo, tan sólo es un espíritu crítico todavía sin pulir, y un buen educador no debe conformarse con él; muy por el contrario, debe exigir mucho más. Si un progre quinceañero suelta una tontería contra esta sociedad tan opresiva y represora, podemos reírle la gracia y celebrar su espíritu crítico, o bien hacerle ver que es una tontería. Y hacerle ver también que aunque la cosa no tiene demasiada importancia, porque tonterías las soltamos todos con más frecuencia de la deseable, eso de decir tonterías no debe convertirse en una costumbre. Y para que no se convierta en una costumbre se ha de tener muy presente un viejo dicho habitualmente atribuido a Pitágoras (y que complementa muy bien al de Epicuro): «Escucha y serás sabio. El comienzo de la sabiduría es el silencio». O también este otro de Zenón de Citio (que nos ha llegado a través de Diógenes Laercio): «Tenemos dos orejas y una sola boca para oír mucho y hablar poco». Escuchar estas cosas puede sentarle a un adolescente como un jarro de agua fría (o dicho en la jerga a la moda, puede deteriorarle su autoestima), pero qué le vamos a hacer. Un educador tiene que decir a veces cosas poco agradables de oír. Dios (o Zeus, o quienquiera que sea el que vela por la salud mental de los estudiantes) libre a los jóvenes de esos maestros que siempre les dan la razón y nunca se atreven a limitar su libertad. Y aquí vienen en nuestra ayuda unas sabias palabras de Demócrito, actuales y vigentes a pesar de tener la venerable edad de dos mil cuatrocientos años: «La condescendencia es el peor de los males para educar a la juventud. Ella es la madre de esos goces de los que procede el vicio». Y también estas otras de Plutarco: «La peor de todas las compañías es la de los aduladores. No hay hombres más perniciosos ni más diestros que ellos para hacer caer a la juventud en sus redes». Y las de Marco Fabio Quintiliano: «Una y otra vez encadenamos la infancia de nuestros hijos con nuestros mimos. Aquella blanda educación, que solemos llamar indulgencia, destroza el vigor de su mente y de su cuerpo».

Y para que la crítica sea seria y útil a los demás, conviene saber lo que se ha pensado antes. De lo contrario corremos el riesgo de presentar como novedoso lo que se ha dicho hace siglos, o de proponer como buenas unas ideas que ya hace tiempo se han revelado como impracticables. Y como los primeros que pensaron fueron los griegos, y no hay otra manera de filosofar que no sea dialogando con los griegos, no hay más remedio que estudiar filosofía y su historia, una historia que comienza con los griegos y que para conocerla no hay otro camino que pasar algunas horas quemándose las pestañas sobre los textos de Heráclito, Platón, Aristóteles y Epicuro. También a filosofar, qué le vamos a hacer, se aprende por imitación. Los que sostienen que se ha de enseñar a filosofar y no filosofía pueden esgrimir el conocido dictamen de Kant según el cual no se aprende filosofía sino que se aprende a filosofar, pero quienes opinan lo contrario pueden esgrimir el ejemplo de Kant. El filósofo de Königsberg fue un escritor tardío, que dedicó muchísimo tiempo a estudiar el pensamiento de sus predecesores antes de elaborar su propio sistema. La *Crítica de la razón pura* apareció cuando tenía cincuenta y siete años, y la *Crítica de la razón práctica* cuando tenía sesenta y cuatro. Desoyendo su propio consejo, estudió filosofía antes de filosofar. Sólo quienes han dedicado muchas horas a reflexionar y a estudiar pueden ser verdaderamente personas críticas. Voltaire sostenía que quienes no leen más que a los antiguos son como niños que no quieren hablar más que con sus nodrizas. Puede que tenga algo de razón, pero quienes no leen nunca a los antiguos son eternos adolescentes.

Sobre esta necesidad de entender Grecia para entendernos a nosotros hay un lúcido texto de Carlos García Gual (de «El debate de las humanidades», publicado en *Sobre el descrédito de la literatura y otros avisos humanistas*):

> Lo que ha caracterizado a los humanismos europeos (el humanismo es un fenómeno repetido y sintomático de la nostalgia europea por el mundo antiguo) no es su afán arqueológico, su minuciosidad en el estudio del pasado, sino el afán de comprender el presente mediante una interpretación más histórica y entusiasta del mundo clásico. Y ha sido siempre el anhelo de utilizar ese pasado como un modelo para engrandecer el presente lo que ha dado vitalidad a esos períodos. (Tanto el Renacimiento italiano como la Ilustración del siglo XVIII y el movimiento intelectual de los filólogos alemanes a comienzos de siglo, el llamado Tercer Humanismo por Werner Jaeger.)

A no ser, claro, que cuando hablamos de formar ciudadanos críticos consideremos personas críticas a tantos y tantos contertulios que hablan por la televisión, a veces a gritos, de lo que no tienen ni la menor idea, o a quienes queman en público una foto del Rey, cosa que no suele ir precedida de un largo período de sosegada reflexión. Si es así, es muy fácil conseguir personas críticas. Pero quienes no opinamos de este modo, quienes creemos que la crítica ha de ser controlada por el conocimiento (porque de lo contrario la presunta crítica no es más que charlatanería), pensamos que el único camino para convertir a nuestros alumnos en personas críticas consiste en convertirlos en personas cultas, leídas e ilustradas. Y no hay cultura sin el conocimiento de quienes crearon la idea de cultura, que son (y es lastimoso ser tan pesado, pero la repetición es inevitable) los griegos.

De cómo la nostalgia no es
un sentimiento reaccionario
(y aún menos la nostalgia de Grecia)

UNA DE LAS CRÍTICAS que con más frecuencia reciben quienes se pronuncian contra nuestro sistema educativo es la de que son unos nostálgicos. Como argumento es obviamente falaz, porque no aporta ninguna razón. Se limita a hacer un juicio de valor sobre el interlocutor, lo que técnicamente se llama argumento *ad hominem*. Pero la nostalgia no es necesariamente un sentimiento reaccionario, como se va a intentar argumentar a continuación. Quienes dicen muy solemnemente que «hay que mirar hacia delante y no hacia atrás», aparte de decir algo muy poco original, olvidan que las alforjas que llevamos en nuestro deambular por la vida son nuestra memoria y nuestros recuerdos, y que estas alforjas están llenas de agujeros porque nuestra memoria es frágil e incierta. No hay más remedio que mirar hacia atrás de vez en cuando para recuperar las cosas que se nos han caído por esos boquetes, y ese hábito de mirar hacia el pasado no tiene nada de reaccionario ni de regresivo. Ya lo dijo Plutarco en sus *Pensamientos morales*: «Es bueno y hasta indispensable en la educación no descuidar los escritos de los antiguos y hacer buena elección de los libros». Como ya se apuntó unas páginas atrás, fue precisamente la nostalgia de la antigüedad griega, el amor a la ciencia por sí misma y no solamente como sierva de la teología, lo que dio lugar a un movimiento tan importante como el Renacimiento. Y es de suponer que algunos teólogos, celosos del pensamiento libre, criticarían a los entusiastas de la ciencia griega llamándolos «nostálgicos de un paganismo obsoleto». Y una revolución tan importante como el heliocentrismo tuvo lugar cuando Nicolás Copérnico miró hacia atrás, hacia Grecia precisamente, y se encontró con las teorías de Aristarco de Samos. Tuvo la suficiente inteligencia para comprender que una idea no es mala sólo por ser antigua, aunque fuera de hacía casi veinte siglos, y supo tomársela en serio. Dalton elaboró su pensamiento reflexionando sobre las teorías de Demócrito, un griego, y Darwin tiene un precedente clarísimo en Anaximandro de Mileto, otro griego. Y también en Empédocles está la idea, si bien en un estado muy embrionario, de la supervivencia del más dotado. No son simples coincidencias. Lo razona muy bien Karl Popper en una conferencia titulada «Retorno a los presocráticos», impartida en 1958 ante la

Aristotelian Society, y de la cual procede la siguiente cita:

> En cuanto a los presocráticos, sostengo que existe la más perfecta continuidad entre sus teorías y los ulteriores desarrollos de la física. El que se los llame filósofos, precientíficos o científicos, interesa muy poco, creo. Afirmo que la teoría de Anaximandro desbrozó el camino para las teorías de Aristarco, Copérnico, Kepler y Galileo. No se trata de que haya «influido» simplemente en estos pensadores posteriores. La «influencia» es una categoría muy superficial. Más bien expresaría esto de la siguiente manera: las realizaciones de Anaximandro son valiosas en sí mismas, como una obra de arte. Además, sus realizaciones hicieron posibles otras realizaciones, entre ellas las de los grandes científicos mencionados.

Tampoco se ha de olvidar que la pérdida de la cultura griega en los albores de la Edad Media en el Occidente europeo supuso un enorme retroceso, y que desde entonces la tarea más importante de los estudiosos medievales fue la recuperación de la ciencia griega, primero por medio de resúmenes muy de segunda o tercera mano, después a través de traducciones del árabe. Los ilustrados del siglo XVIII también miraron hacia atrás, por encima de las monarquías absolutas, y descubrieron y reivindicaron el sentido grecorromano de ciudadanía. En su obra *Lo que está mal en el mundo* dice Chesterton lo que sigue:

> No hay revolución que no sea una restauración. Nadie veneró más el pasado que los revolucionarios franceses. Ellos invocaban las pequeñas repúblicas de la antigüedad con la misma confianza de quien invoca a sus dioses. Los *sans culottes* creían (tal como puede sugerir su nombre) en una vuelta a la simplicidad. Creían piadosamente en un remoto pasado. Algunos podían llamarlo pasado mítico. Por alguna extraña razón, el hombre tiene que plantar siempre sus frutales en un cementerio.

Oscar Wilde, mucho más radical, sostenía (en su obra *El crítico como artista*) lo siguiente: «Cualquier cosa realmente moderna que haya en nuestras vidas se las debemos a los griegos. Y cualquier anacronismo a la Edad Media». La segunda afirmación es harto discutible, la primera es cierta en casi su totalidad. Hay un hermoso libro de Werner Heisenberg titulado *Diálogos sobre física atómica*, en el cual cuenta cómo el punto de partida de algunas de las reflexiones que desembocaron en sus teorías físicas fue la lectura del *Timeo* de Platón:

Deseando leer algo distinto de los diálogos que estudiábamos en clase, me lancé, a pesar de mi conocimiento relativamente escaso del griego, a leer el *Timeo*. De este modo entré por primera vez en contacto directo con la filosofía atómica de los griegos. Gracias a esta lectura, comprendí con mucha mayor claridad los conceptos fundamentales de la teoría atómica. Por lo menos, me hice la ilusión de medio entender las razones que llevaron a los filósofos griegos a pensar que la materia se compone de elementos mínimos e indivisibles. La tesis sostenida por Platón en el *Timeo*, según la cual los átomos son cuerpos regulares, no llegó en verdad a parecerme demasiado luminosa, pero por lo menos me gustó que se les despojara de sus ganchos y sus asas. En todo caso, me convencí de una cosa, a saber, de que es casi imposible cultivar la física atómica moderna sin conocer la filosofía natural de los griegos. Y pensé que el dibujante de aquella figura de los átomos habría ganado dedicando a Platón un atento estudio antes de ponerse a dibujar sus figuras.

Del texto se deduce algo muy revelador: que Heisenberg, premio Nobel de Física, podía leer en griego (¡dichosa edad y dichosos siglos aquellos...!).

Es preciso, pues, mirar de vez en cuando hacia atrás, y tener muy presente que no toda idea nueva por ser nueva es buena, igual que no toda idea antigua es mala por ser antigua. Si así fuera, habría que prescindir de todo lo que nos legaron nuestros antepasados, y cada generación tendría que reconstruir el mundo desde sus cimientos. Se habla hoy con mucho entusiasmo de innovación en la enseñanza, pero se olvida que innovar no es necesariamente mejorar, y que muchas veces se adelanta más recuperando viejas ideas que con novedades disparatadas. En cierta ocasión, un compañero me explicó, como si fuera un gran descubrimiento, que cuando los alumnos tienen una idea más o menos intuitiva de algo (como la de ángulo o de circunferencia), en lugar de darles sin más la definición correcta, es mejor que los mismos chicos intenten elaborar definiciones y que, después de ir puliendo las deficiencias de cada una de ellas, se llegue entre todos a una definición lo más clara posible. Le contesté que, efectivamente, era una muy buena idea, pero que, lamentando desilusionarle, de nueva no tenía nada. Se llama «mayéutica», la inventó Sócrates, y todos los adictos al pensamiento griego llevan dos mil quinientos años usándola. Es un buen método para enseñar algunas cosas, y su antigüedad no la descalifica sin más, pero quien la practica tampoco debe imaginarse que ha inventado la pólvora. No se trata pues de renovar la enseñanza, sino de mejorar la enseñanza, y esa mejora pasa necesariamente por estudiar el pasado, para no olvidar las buenas viejas ideas y no repetir los viejos errores.

Y en lo de no repetir los viejos errores también podemos aprender de los griegos, porque la mayéutica, con ser útil en ciertas ocasiones, no tiene tanto alcance como le atribuye Sócrates (o Platón, que para el caso es lo mismo). Y esto es importante porque quienes sostienen el aburridísimo mantra de que los alumnos «tienen que aprender por sí mismos» o «que han de construir su propio conocimiento» se remiten a veces a un célebre pasaje del *Menón*, en el cual Sócrates consigue que un esclavo descubra a través de algunas preguntas un teorema matemático. Pero la falacia ya fue descubierta por Aristóteles (quien niega la idea platónica del aprendizaje como reminiscencia con argumentos expuestos en el libro II de los *Analíticos primeros*), porque si el interrogador no hubiera sabido el teorema, el esclavo nunca habría sido capaz de llegar a él. La mayéutica es útil para llegar a definir racionalmente lo que se conoce intuitivamente, pero no va más allá.

Otro mantra muy repetido es el de que en lugar de conocimientos se han de enseñar destrezas, como si una cosa pudiera ir sin la otra. La destreza de resolver problemas de geometría necesita del conocimiento de ciertos teoremas, y la de traducir un texto latino, el de la gramática que permite distinguir las partes de la oración.

Y al revés, no hay conocimiento que no se asiente mediante el uso de ciertas destrezas, sean las de comentar un texto o resolver un problema. Lo que desde siempre se han llamado «ejercicios prácticos». Pero sucede que esta gran idea ya se le había ocurrido a los griegos. Según una frase habitualmente atribuida a Aristóteles: «La inteligencia consiste no sólo en el conocimiento, sino también en la destreza de aplicar los conocimientos en la práctica». Si los teóricos de la educación leyeran más a los pocos sabios que en el mundo han sido, no habría entre ellos tantos descubridores de mediterráneos.

En opinión del poeta alemán Friedrich Schiller, ni siquiera el artista más vanguardista puede prescindir de Grecia. En la novena de sus *Cartas sobre la educación estética del hombre* lo razona del siguiente modo:

> El artista es, sin duda, hijo de su tiempo, aunque desgraciado si se hace el discípulo, y más, el favorito de su época. ¡Que una bienhechora deidad arrebate al infante del pecho de su madre, lo alimente con el jugo de una edad mejor y lo conduzca a la madurez bajo el lejano cielo de Grecia! Cuando se haya hecho hombre, torne entonces a su siglo, con extraña y ajena figura, más no para deleitarlo por su apariencia, sino para purificarlo, formidable como el hijo de Agamenón. La materia de su arte la tomará del presente, pero la

forma irá a buscarla a más nobles edades y, aun saltando por encima del tiempo, a la absoluta e inmutable unidad de su esencia propia. Aquí, en la eterna pureza de su genio, nace la fuente de la belleza, inmune al contagio de las razas y de las edades, que allá en el fondo se agitan en turbios remolinos.

El texto procede de la traducción del alemán de Manuel García Morente.

¿Tiene el hombre tendencia natural al saber?

LA *METAFÍSICA* de Aristóteles comienza con esta frase: «Todos los hombres tienen naturalmente el deseo de saber». Esto es, a mi juicio, rigurosamente falso. El hombre tiende naturalmente a la supervivencia, lo cual le ha llevado a crear saberes adecuados a tal fin. Pero la ciencia, comparada con la danza, la música, la religión y otras manifestaciones humanas, es una recién llegada al mundo, y si el hombre tendiera espontáneamente hacia el conocimiento, habría nacido mucho antes. Es cierto que Aristóteles ignoraba lo antigua que es la humanidad, pero pensemos que si la especie humana llevara un año sobre la tierra, la cultura griega sería de ayer (y no de las primeras horas de la mañana de ayer), y ya sabemos que a ella se le debe el invento del conocimiento como un valor. Sobre esta concepción del saber hay una preciosa cita de Arnold Hauser (de *Historia social de la literatura y el arte*):

Esta autonomía de las diferentes esferas se nos presenta con la máxima evidencia en la filosofía jónica de la naturaleza de los siglos VII y VI a.C. Por primera vez hallamos en ella formas espirituales que están más o menos libres de consideraciones y fines prácticos. También los pueblos civilizados anteriores a los griegos habían realizado observaciones científicas precisas y habían llegado a conclusiones y cálculos exactos. Pero todo su saber y su habilidad estaban impregnados de conexiones mágicas, de imaginaciones míticas, de dogmas religiosos, y siempre ligados a la idea de la utilidad. En los griegos hallamos por primera vez una ciencia libre, no sólo de la religión, de la fe y de la superstición, organizada racionalmente, sino independiente también, en cierto modo, de toda consideración práctica.

Este descubrimiento, el del conocimiento que se justifica a sí mismo, no sería tan reciente si el hombre tuviera por naturaleza el deseo de saber. Prueba de ello es que para crear una persona culta hace falta la educación, la cual comienza inevitablemente contraviniendo la libertad de quien se pretende educar. La sed por el saber, esa sed que cuanto más se intenta saciar más aumenta, como si bebiéramos agua del mar, es la meta de un largo proceso educativo, no el punto de partida. Rousseau concuerda con esta idea, y en uno de sus pensamientos afirma: «No somos curiosos sino en la proporción en que somos instruidos». Esto es, la curiosidad intelectual no precede a la instrucción sino que es fruto de ella. Y lo que es resultado de la educación es lo contrario de lo natural, y por eso Aristóteles se equivoca. El siguiente texto de Demócrito es más certero que el del Estagirita:

> Los niños a los que se les tolera que no se esfuercen ni aprenderán las letras, ni la música, ni el ejercicio corporal, ni aquello que más relacionado se halla con la virtud: el respeto. Pues es de estas cosas de las que suele surgir en mayor grado el respeto.

Si a un niño no se le puede tolerar que no se esfuerce, porque de lo contrario no aprendería nada, quiere decir que la enseñanza actúa en principio en contra sus deseos, porque el esfuerzo no es connatural al ser humano. Por eso es un disparate ese exceso de psicologismo tan común hoy día que pretende tratar al alumno vago como si estuviera aquejado de una patología, lo cual es tan absurdo como castigar a un niño porque tiene la gripe. Que a un niño no le apetezca ir a la escuela y lo pase mejor durante las vacaciones que durante el curso no es una enfermedad, más bien es un síntoma de que goza de una espléndida salud mental.

Últimamente se ha hecho muy popular el siguiente dicho del profesor Francisco Mora (catedrático de Fisiología humana y doctor en Neurociencias): «Los maestros deben entender que nada que no pase por la emoción nos sirve en nuestro aprendizaje. Sólo se aprende aquello que se ama». Si Aristóteles estuviera en lo cierto, Mora también lo estaría, porque si el aprender fuera una tendencia natural del hombre, satisfacerla sería tan emocionante como tomarse una cerveza fresca cuando se tiene sed. Pero a los estudiantes se les ha de enseñar aquello que no saben, y nadie puede amar lo que todavía ignora. La sentencia de Mora se ha de poner al revés: sólo se ama lo que se conoce, y sólo se conoce aquello que se ha estudiado. La mayoría de los grandes filólogos clásicos que han existido habrán estudiado las declinaciones a los doce años gruñendo y de mala gana, como hicimos todos, con la sensación de que perdían el tiempo. Sólo después de mucho trabajo y tenacidad pudieron comprender y amar nuestro legado grecorromano. Pero incluso quienes no acaban dedicándose a las lenguas clásicas (y no son tontos del todo) descubren con el tiempo que el esfuerzo de aprenderlas valió la pena. Así cuenta Chesterton en su *Autobiografía* sus experiencias con el latín y el griego (metiéndose de pasada con quienes creen que el aprendizaje ha de ser siempre placentero):

Desde luego, no adoptaré esa elegante actitud moderna de revolverme contra mis maestros porque decidí no aprender lo que ellos estaban dispuestos a enseñar. Puede ser que en las renovadas escuelas de hoy le enseñen al niño de tal forma que grite de placer a la vista de un acento griego. Pero me temo que es mucho más probable que las escuelas modernas se hayan librado del acento griego librándose del griego. Y en este punto, como suele ocurrir, estoy sin lugar a dudas del lado de mis maestros y en contra mía. Me alegro mucho de que mis denodados esfuerzos por no aprender latín se vieran frustrados en cierta medida y de no haber conseguido siquiera escapar de la contaminación de la lengua de Aristóteles y Demóstenes. Al menos sé el suficiente griego para coger el chiste cuando alguien dice (como sucedió el otro día) que el estudio de esta lengua no es propio de una época democrática. No sé de qué lengua pensaba él que procedía la democracia, y eso que hemos de admitir que esa palabra parece haberse convertido hoy en día en parte de la jerga periodística.

Y más revelador todavía es el testimonio de Oscar Wilde:

Tenía casi dieciséis años cuando comencé a entender la maravilla y la belleza de la vida de los antiguos griegos. Empecé a leer griego con entusiasmo, por puro gusto, y cuanto más leía más me cautivaba.

No se aprende lo que se ama, sino que se ama lo que se sabe, y como lo que se sabe es producto del esfuerzo y el estudio, se ama todavía más. Esto está muy bien explicado por Aristóteles en el capítulo VII del libro IX de la *Ética a Nicómaco*:

> Asimismo, todos aman más las cosas que se hacen con trabajo, como vemos que el dinero lo ama más el que lo gana que el que lo hereda, y el recibir buenas obras parece cosa de poco trabajo, pero el hacerlas cuesta mucho.

Este texto sí puede ser suscrito en su totalidad. La idea de que el saber requiere esfuerzo es muy criticada por ciertos pedagogos presuntamente vanguardistas. En un artículo titulado «La educación que aún es posible», el profesor Jimeno Sacristán (catedrático jubilado de Didáctica y organización escolar de la Universidad de Valencia), después de hablar del sentimiento que (según él) tienen los alumnos de la escolaridad como un castigo, dice lo siguiente:

> Esto ha dado lugar a mantener últimamente esta teoría conservadora y reaccionaria del esfuerzo como motivo pedagógico siguiendo los mandatos jesuíticos pero desligados de la tradición

jesuítica en la historia. Esta teoría del esfuerzo es una de las conquistas regresivas más importantes que ha tenido el pensamiento educativo con reflejo en la opinión pública de los últimos años.

Corre por ahí una historia de un rey que aprendía geometría con un gran matemático y que puede ser muy útil para impugnar esta teoría disparatada del esfuerzo como algo reaccionario. Un día el rey preguntó a su maestro si no habría un atajo para aprender la geometría, y éste le contestó: «¡Oh rey!, para viajar por tu vasto imperio hay calzadas reales y sendas para caminantes, pero en geometría hay un solo camino para todos». La anécdota ha sido relatada con distintos protagonistas: con Alejandro Magno y Menecmo, con Ptolomeo y Euclides, y con el rey de Siracusa y Arquímedes. Muy probablemente es apócrifa. Con todo, es extremadamente instructiva, y griega en cualquiera de sus versiones. El camino hacia el saber es largo, requiere esfuerzo y carece de atajos. Es el mismo para príncipes y plebeyos, ricos y pobres, hombres y mujeres. Quien piense que el esfuerzo es reaccionario que desista de transitarlo.

De nuevo, la sabiduría necesaria para desnudar las falacias de lo políticamente correcto procede de Grecia.

Grecia y la libertad

EL SIGUIENTE TEXTO está extraído de *Origen y meta de la historia*, de Karl Jaspers:

De ahí irradia un resplandor y una exigencia que corre por toda nuestra historia occidental. El momento crítico del gran viraje sucedió cuando, a partir del siglo VI a.C., se desarrolló la libertad del pensamiento griego, del hombre griego, de la *Polis* griega, y cuando después, en las guerras persas, la libertad se acrisoló y probó su eficacia y llegó a su más alto, aunque breve, florecimiento. No fue una cultura sacerdotal universal, ni el orfismo ni el pitagorismo los que constituyeron el espíritu griego y una enorme posibilidad y riesgo para el hombre, sino las libres formas del estado. Desde entonces es posible la libertad en el mundo.

La ciencia que reflexiona sobre sí misma, el pensamiento que razona sobre el pensamiento y explora sus propios límites, sólo son plenamente posibles en libertad. Esto es así por dos razones. La primera, porque si las ideas no son abiertamente debatidas, se agostan y no se desarrollan como debieran. La segunda, y esto es quizás más importante, porque en ausencia de libertades una vaciedad puede parecer una idea profunda sólo porque está prohibido expresarla abiertamente. Cuando no se puede discutir en público, las necedades y las ideas inteligentes viven en igualdad de condiciones amparadas por el prestigio de lo prohibido, y es difícil distinguir las unas de las otras. Quienes vivieron durante la dictadura saben muy bien el éxito que podía llegar a tener un libro o una película por el simple hecho de que estuvieran censurados. Ciertamente la censura es una injusticia, pero un libro malo que sea víctima de esta injusticia no se convierte por ello en un libro bueno.

Condorcet, en su *Esbozo de un recorrido histórico del progreso del espíritu humano*, incide en esta misma idea:

Grecia había recibido de los pueblos del Oriente sus artes, una parte de sus conocimientos, el uso de la escritura alfabética y su sistema religioso. Pero esto era el efecto de las comunicaciones entre ella y estos pueblos, por exiliados que habían buscado un asilo en Grecia, por los griegos viajeros, que habían traído de Oriente luces y errores.

Las ciencias no podían ser la ocupación y el patrimonio de una casta particular. Las funciones de sus sacerdotes se limitaron al culto de los dioses. El genio podía desplegar todas sus fuerzas sin estar sujeto a observaciones pedantes ni a la hipocresía de una corporación sacerdotal. Todos los hombres conservaban un derecho legal al conocimiento y la verdad. Todos podían intentar descubrirla y comunicarla a todos, para comunicarla toda entera.

Pero en una democracia puede existir otro género de censura que puede restringir el pensamiento libre hasta límites insospechados: la censura que nos imponemos, muchas veces sin querer, por no ir a contracorriente de quienes nos rodean. Con la ventaja añadida de que es más fácil apuntarse a la moda en curso que pasar por el incómodo trámite de pensar. Si queremos discutir sobre tantas cosas que nos preocupan de modo que la discusión sea libre y racional, tendremos que liberarnos de los prejuicios de lo políticamente correcto, igual que los griegos tuvieron que liberarse del pensamiento religioso.

Sostienen algunos historiadores de la ciencia, y en parte con razón, que Aristóteles llegó a ser una rémora para el pensamiento libre durante la baja Edad Media. Es cierto, todo lo que contradijera a Aristóteles era mirado con suspicacia, aunque también lo es que Aristóteles elaboró su pensamiento en gran parte frente al de su maestro Platón, de modo que quienes se atrevían a objetar contra el Filósofo eran más aristotélicos que quienes pensaban que no se podía ir más allá de él. Ahora bien, si la autoridad de la tradición puede ser muy tiránica, la autoridad de la moda y la corrección política puede llegar a serlo más todavía. El equilibrio que se ha de guardar entre ambos polos, el pasado frente a la moda, es un muy difícil equilibrio. Cómo guardarlo es algo que explica muy bien el gran humanista e historiador del arte Erwin Panofsky en una frase tan escueta como lúcida: «El humanista rechaza la autoridad, pero respeta la tradición». Y sobre este contrapeso que la tradición ha de ejercer frente a lo novedoso merece ser recordado un texto de Hannah Arendt extraído de su artículo «¿Qué es la autoridad?» (publicado en su libro *Entre el pasado y el futuro*):

Al perder la tradición, también perdimos el hilo que nos guiaba con paso firme por el vasto reino del pasado, pero este hilo también era la cadena que sujetaba a cada generación a un aspecto predeterminado del pretérito. Podía ser que sólo en esta situación el pasado se abriera ante nosotros con inesperada frescura y nos dijera cosas que nadie había logrado oír antes. Pero no se puede negar que sin una tradición bien anclada toda la dimensión del pasado también estaría en peligro. Corremos el riesgo de olvidar y tal olvido significaría que, hablando en términos humanos, nos privaríamos de una dimensión: la de la profundidad en la existencia humana, porque la memoria y la profundidad son lo mismo, o mejor aún, el hombre no puede lograr la profundidad si no es a través del recuerdo.

Y acerca de la dependencia entre libertad y pensamiento, o entre libertad y educación, también es muy útil el siguiente texto extraído de las *Disertaciones* del filósofo-esclavo Epicteto:

> Pues en esto no hemos de hacer caso al vulgo, que dice que «sólo a los libres se les ha de permitir la instrucción», sino más bien a los filósofos, que dicen que «sólo los instruidos son libres».

Ciertamente, quien es más instruido tiene más elementos de juicio para tomar decisiones que quien no lo es, más cuerdamente podrá elegir, y en consecuencia más libre será. La libertad sólo se ejerce cuando se elige. Además, las cosas que se saben, «los contenidos del conocimiento» (expresión muy aborrecida por la pedagogía de vanguardia), forman el espacio mental en el seno del cual se mueven las ideas. Así, cuanto más amplio es el espacio, más libremente circulan las ideas y más libremente podremos elegir.

Ahora bien, si sólo la persona instruida es libre, educar o instruir a un niño es hacerlo libre, esto es, proporcionarle una libertad que todavía no tiene. Y como no es libre, no puede escoger entre ser educado o no, por eso la educación ha de ser necesariamente obligatoria. Es necesario limitar su libertad para educarlo, para hacerlo libre, y esto nos lleva a un tema importantísimo: el de la autoridad del maestro.

Pero sucede que la autoridad está hoy muy mal vista. No se puede ser autoritario. Quienes matizan un poco más dicen que no se ha de confundir autoridad con autoritarismo, frase tan original como la de que no se ha de confundir libertad con libertinaje. Pero la educación es necesariamente autoritaria, y esto es algo que se ha de defender sin complejos. Decía en una ocasión el profesor Miguel Ángel Santos Guerra, uno de los más representativos cofrades de la Secta Pedagógica, que «el saber, en la escuela, es jerárquico y circula de modo descendente» (como si pudiera circular en sentido contrario), y en otra, que entre las contradicciones de la escuela está la de pretender «conseguir buenos demócratas en una institución jerarquizada». En este desatino se esconden dos falacias. La primera, que en una sociedad democrática también hay jerarquías (¡bendito sea por ello el Señor!). En la carretera mandan los policías de tráfico, en la facultad manda el decano, en la aeronave manda el comandante, y en la clase, ¡qué le vamos a hacer!, manda el profesor. La segunda, que con ese razonamiento (llamémosle así) nos cargamos la educación en sí misma. ¿Para qué sirve la autoridad de los padres? Pues para educar a los hijos. ¿Por qué es necesario educar a los hijos? Para que puedan en el futuro prescindir de la autoridad de los padres. ¡Qué contradicción! Aprender a prescindir de la autoridad de los padres obedeciendo a los padres. ¿Cómo vamos a enseñar a hacer una cosa obligando a hacer la contraria? Pues así es, y a quien lo considere tan aberrante más le vale no meterse a educador. Decía Chesterton que «no puede haber una educación libre, porque si dejáis a un niño libre no le educaréis». Esto es así porque, en principio, ningún niño quiere ser educado. De lo contrario, como se dijo en un capítulo anterior, no tendría sentido una ley de educación obligatoria, igual que no tendría sentido una ley que obligara a beber cuando se tiene sed.

Pero sucede que esta polémica no es nueva, por mucho que pedagogos innovadores y entusiastas se crean muy originales al plantearla. Ya hemos visto cómo Chesterton, quien murió hace más de setenta años, terció en ella tomando la misma posición que acostumbran a tomar el reducido número de personas que conservan un adarme de sentido común. Y también en esto podemos aprender del viejo Aristóteles. He aquí un pasaje de la *Política*:

> En el Estado no se trata de señores ni de esclavos. En él no hay más que una autoridad que se ejerce sobre seres libres e iguales por su nacimiento. Ésta es la autoridad política que debe tratar de conocer el futuro magistrado, comenzando por obedecer él mismo. Así como se aprende a mandar un cuerpo de caballería siendo un simple soldado, a ser general ejecutando las órdenes de un general, y a conducir una falange o un batallón sirviendo como soldado en éste o aquélla. En este sentido es en el que puede sostenerse con razón que la única y verdadera escuela del mando es la obediencia.

Solón dijo algo parecido, si bien de un modo más sintético: «Si aprendes a obedecer sabrás mandar». Y si en una democracia mandamos todos, es evidente que todos tenemos que aprender primero a obedecer. Una escuela jerárquica no sólo no es un contrasentido en una sociedad democrática, sino que es la premisa necesaria e indispensable para educar buenos demócratas. Una escuela no puede ser democrática porque la democracia funciona mejor cuanto más cultos y razonables son los ciudadanos, y la misión de la escuela consiste precisamente en transformar a los niños en ciudadanos cultos y razonables. No se puede exigir a quienes comienzan su educación que tengan ya lo que la educación les ha de proporcionar. Pero quien considera que una escuela jerárquica es una contradicción padece otra confusión mucho más grave: la de no distinguir entre «educar en libertad» y «educar para la libertad». Quien acaba su educación bien preparado, convertido en una persona culta y con hábito de estudio tiene ante sí más posibilidades que quien la acaba careciendo de ese hábito, inculto y mal preparado. Y cuando se tienen más posibilidades entre las cuales elegir, más libre se es. Eso sí, esa libertad que le proporciona su educación se debe a que sus educadores le exigieron unos resultados y le inculcaron desde niño una cierta disciplina que limitó en gran medida su capricho y su albedrío. Y el que salió mal preparado tiene que acogerse a lo que salga, sin mucho donde elegir, porque quien no está bien cualificado no está en condiciones de ser muy exigente a la hora de aceptar o rechazar un trabajo. Tiene menos posibilidades de elección, luego es menos libre, pero indudablemente durante su etapa escolar disfrutó de más libertad. Mientras el que hoy está preparado estudiaba, él hacía lo que le daba la gana. El primero no fue educado «en la libertad», pero sí «para la libertad». El segundo fue educado «en libertad», pero no «para la libertad». Parafraseando a Aristóteles, el primero tiene la posibilidad de llegar a general y el segundo no pasará de soldado raso.

Si se leyera más a los griegos, no se escribirían tantas tonterías.

En el *Emilio* se puede leer lo que viene a continuación:

> No hay término medio. Es preciso plegarle a una total obediencia o no exigirle nada en absoluto. La peor educación es dejar flotar las cosas entre tu voluntad y la suya, disputar sin cesar entre los dos quién será el que manda.

El propio Rousseau, tan querido por educadores libertarios, reconoce que sin autoridad no hay educación posible.

Además, si el hombre instruido es más libre que el iletrado, más libre será si además está rodeado de otras personas también cultas y educadas, porque si nuestros semejantes manejan bien su libertad, más libres seremos nosotros. Por eso la educación de los futuros ciudadanos no es una cuestión privada sino de todos. Esta idea tampoco es nueva, ya se le ocurrió a Aristóteles, quien en el capítulo IV de la *Política* escribió lo que sigue:

> Una de las obligaciones y tal vez la más importante que debe animar a todos los que tratan

de fundar una República es la que se refiere a la educación y cuidado de los niños.

Por esto es muy conveniente que los legisladores se preocupen del desarrollo corporal e intelectual de los que han de constituir la ciudad futura.

Hay que ver lo nuevos que son a veces los pensadores antiguos.

Grecia y la literatura posterior

LAS ÚLTIMAS DÉCADAS han visto un resurgir de la novela histórica, muchas de ellas sobre el mundo clásico. Pensemos en *Creación* de Gore Vidal, entre cuyos personajes está Demócrito de Abdera y otros sabios griegos; en *Yo, Claudio* de Robert Graves o en *El muchacho persa* de Mary Renault, donde se narra la historia de un esclavo persa testigo de las hazañas de Alejandro Magno y de su pasión de dominio. Para saber más sobre este género de relatos se puede consultar *La antigüedad novelada*, de Carlos García Gual, referenciado en la bibliografía. Leyendo novelas históricas quizá no se aprenda historia, pero a lo mejor se despierta el interés por estudiarla.

Pero el tema de la novela histórica, con estar relacionado con el de este capítulo, sólo lo está de un modo tangencial. Lo relevante es la presencia de Grecia en todo lo que se ha escrito después. La lista de obras en las que se vuelve sobre los mitos y personajes del mundo grecolatino es interminable. A juicio del filósofo estadounidense Ralph Waldo Emerson, no hay escritor que no sea deudor de Platón, y en su libro *Hombres representativos* manifiesta lo siguiente:

De Platón provienen todas las cosas que aún escriben y debaten los hombres de pensamiento. Causa estragos entre nuestras originalidades. Hemos llegado a la montaña de la que se han desprendido esas piedras. Biblia de los doctos durante veintidós siglos, cada joven vigoroso que se dirige a una generación reluctante (Boecio, Rabelais, Erasmo, Bruno, Locke, Rousseau, Alfieri, Coleridge) es lector de Platón y traduce a la lengua vernácula, ingeniosamente, lo mejor que tiene. Incluso los hombres de mayor alcance resultan menoscabados por la mala fortuna (¿lo diré así?) de haber llegado después de este generalizador exhaustivo. San Agustín, Copérnico, Newton, Böhme, Swedenborg, Goethe son sus deudores por igual y deben hablar después que él. Es justo acreditar al generalizador más amplio los particulares deducibles de su tesis.

Un poco más adelante sostiene que Shakespeare es platónico cuando dice (en el *Cuento de invierno*) que «la naturaleza no mejora por medio alguno, sino que la naturaleza produce este medio», y que Hamlet también es un platónico puro, y que «sólo la magnitud del genio de

Shakespeare impide que lo clasifiquemos como el más eminente de su escuela».

Y ya que estamos con Shakespeare, bueno es recordar que algunas de sus obras están ambientadas en Grecia, como *Timón de Atenas* y *Pericles, príncipe de Tiro*, y otras en Roma, como *Tito Andrónico* y *Julio César*. El tema de la guerra de Troya es tratado por Racine en *Ifigenia* (protagonizada por la hija de Agamenón, cuyo sacrificio es exigido por los dioses para que los vientos sean favorables a la flota griega) y en *Andrómaca* (sobre las desventuras de la esposa de Héctor, entregada como esclava al hijo de Aquiles). Muy posteriormente Jean Giraudoux escribió *La guerra de Troya no tendrá lugar*, y Torrente Ballester un hermoso relato sobre Ifigenia (publicado en *Ifigenia y otros relatos*). *El conde de Montecristo* de Dumas está plagado de alusiones a la mitología griega (por ejemplo, en el capítulo IX de la cuarta parte se puede leer: «Ninguna de las miradas del joven Andrés pasaron inadvertidas para ella, pero se diría que resbalaban sobre la coraza de Minerva, coraza con que algunos filósofos cubren el pecho de Safo»), y Goethe en la segunda parte del *Fausto* hace entrar el fantasma de Elena. Para Harold Bloom (según una opinión defendida en *El canon occidental*): «Fausto, igual que los héroes homéricos, es un campo de batalla donde chocan fuerzas enfrentadas». En la tragedia *Hipólito* de

Eurípides están basadas la obra *Fedra* de Racine y la narración *Teseo* de André Gide. Con cierto deje de humor Jean Cocteau recrea la historia de Edipo en *La máquina infernal*, y también escribió una *Antígona*. Con idéntico título existen obras de Jean Anouilh, Bertolt Brecht y algunas más, así como varias óperas. El ya citado George Steiner es autor de un trabajo titulado *Antígonas: una poética y una filosofía de la lectura*, en el cual reflexiona sobre la permanente presencia de Antígona en la literatura, quizá el personaje más longevo y que mejor ha conservado su lozanía de todos los que nos ha legado Grecia. Las razones de esta eterna juventud (según él) son cinco:

Creo que solamente a un texto literario le ha sido dado expresar todas las constantes principales propias de la condición del hombre. Esas constantes son cinco: el enfrentamiento entre hombres y mujeres, entre la senectud y la juventud, entre la sociedad y el individuo, entre los vivos y los muertos; entre los hombres y Dios (o los dioses). Los conflictos procedentes de estos cinco tipos de enfrentamiento no son objeto de negociaciones. Hombres y mujeres, ancianos y jóvenes, el individuo y la comunidad o estado, los vivos y los muertos, los mortales y los inmortales se definen en el proceso conflictivo de definirse el uno al otro. La definición de uno mismo y el reconocimiento agnóstico de «lo otro» a través de las amenazadas fronteras del yo son procesos indisociables.

La poeta chilena Gabriela Mistral, entre los años 1938 y 1954 escribió una serie de poemas que llamó «Locas mujeres» y que aparecieron recopilados en *Lagar*, su último libro. Entre ellos hay uno dedicado a Antígona. He aquí un fragmento:

> Iban en el estío a desposarme,
> iba mi pecho a amamantar gemelos
> como Cástor y Pólux, y mi carne
> iba a entrar en el templo triplicada
> y a dar al dios los himnos y la ofrenda.
> Yo era Antígona, brote de Edipo,
> y Edipo era la gloria de la Grecia.

También hubo filósofos para los cuales Antígona fue punto de partida de algunas de sus reflexiones, entre ellos Hegel, Kierkegaard, Paul Ricoeur y Unamuno. Este último se vale de esta extraordinaria mujer para ejemplarizar el amor de hermana, que él llama «sororidad», como algo diferente de la fraternidad. Así lo explica en el prólogo de su conocida novela *La tía Tula*:

> Sororidad fue la de la admirable Antígona, esta santa del paganismo helénico, la hija de Edipo, que sufrió martirio por amor a su hermano

Polinices, y por confesar su fe de que las leyes eternas de la conciencia, las que rigen en el eterno mundo de los muertos, en el mundo de la inmortalidad, no son las que forjan los déspotas y tiranos de la tierra, como era Creonte.

Stephen King escribió una novela acerca de una ciudad que interrumpe la construcción de unas cloacas por falta de presupuesto. Cuando se reanudan las obras, años después, no se encuentran los planos. Han desaparecido, y sin ellos es imposible adentrarse por el complicadísimo laberinto de todo lo que ya se había excavado. Unos pocos se atreven, pero son atacados por un monstruo que ha anidado en las galerías y que cambia de forma. No saben ni darle nombre, le llaman «eso», y *Eso* es el título de la novela. Una recreación moderna de la leyenda del monstruo y el laberinto. Asimismo, en la novela *Lituma en los Andes* Vargas Llosa recupera el mito del laberinto, también muy querido por Borges y que está en muchos de sus escritos. Entre ellos «La casa de Asterión» (incluido entre los relatos de *El Aleph*, en el cual la historia es contada en primera persona por el minotauro), y también en un bellísimo poema en prosa que aparece en *Los conjurados*:

El hilo se ha perdido; el laberinto se ha perdido también. Ahora ni siquiera sabemos si nos rodea un laberinto, un secreto cosmos, o un caos azaroso. Nuestro hermoso deber es imaginar que hay un laberinto y un hilo. Nunca daremos con el hilo; acaso lo encontramos y lo perdemos en un acto de fe, en una cadencia, en el sueño de las palabras que se llaman filosofía o en la mera y sencilla felicidad.

Muchos otros mitos griegos aparecen en los poemas y cuentos de Borges. Quien quiera conocer mejor esta presencia (más allá de la breve nota aquí esbozada) hará bien en leer «Borges y los clásicos de Grecia y Roma», también de Carlos García Gual, incluido en la ya citada obra *Sobre el descrédito de la literatura y otros avisos humanistas* (otros capítulos del mismo libro, muy recomendable en su totalidad, tratan de la pervivencia de Grecia en otros escritores). El poeta Walt Whitman, en su gran epopeya *Hojas de hierba*, no olvida a los hebreos ni a los griegos ni a los romanos, ni tampoco a Cristo:

Yo escucho al hebreo que lee sus protocolos y sus salmos,

Yo escucho los mitos rimados de los griegos y las vibrantes leyendas de los romanos,

Yo escucho el relato de la vida divina y la sangrienta muerte de Cristo, el hermoso Dios.

Yo escucho al hindú que enseña a su discípulo dilecto los amores, las guerras, los adagios de poetas escritos hace tres mil años y que, intactos, nos han sido transmitidos hasta este día.

La *Odisea* es usada como telón de fondo por James Joyce en su célebre novela *Ulises*, quien ajustó su relato a la clásica unidad de tiempo. El crítico T. S. Eliot, ya citado anteriormente, escribió un breve y lúcido artículo sobre esta obra titulado «*Ulises*, orden y mito», en el cual sostiene que la iluminación del presente al amparo de los mitos es la más noble tarea del escritor moderno:

Entonces, la pregunta acerca de Joyce es: ¿qué material vigente utiliza y cómo lo utiliza (no como legislador o mentor sino como artista)? Aquí es donde el paralelismo con la *Odisea* del que se vale Joyce tiene una gran importancia. Tanta como la de un gran descubrimiento científico. [...] Haciendo uso del mito, manejando una permanente correspondencia entre lo contemporáneo y lo antiguo, Joyce adoptó un método que otros deberían seguir después de él. No habrá imitadores como sucede con los científicos, que parten de los descubrimientos de Einstein para llegar a los propios. Se trata tan sólo de una manera de controlar, ordenar, dar forma y significado al enorme escenario de trivialidad y anarquía que constituye la historia contemporánea.

El episodio de la *Odisea* protagonizado por Circe es recreado por la novelista estadounidense Madeline Miller, quien lo relata en *Circe* desde el punto de vista de la hechicera. Ulises también es el protagonista de una divertida novela de Álvaro Cunqueiro titulada *Las mocedades de Ulises*. Al mismo héroe y a su creador dedica Pablo Neruda (en *Para nacer he nacido*) estas hermosas palabras:

> Es probable que en el año 2000 el poeta más novedoso, más a la moda en todas partes, sea un poeta griego que ahora nadie lee y que se llamó Homero.
>
> Yo estoy de acuerdo y con este fin voy a comenzar a leerlo de nuevo. Voy a buscar su influencia, dulce y heroica, sus maldiciones y sus profecías, su mitología de mármol y sus palos de ciego.
>
> Preparando el nuevo siglo trataré de escribir a la manera de Homero. No me quedará mal un estilo tan fabuloso y tan empapado del mar ilustre.
>
> Luego saldré con algunas banderas de Ulises, rey de Ítaca, por las calles. Y como los griegos ya habrán salido de sus presidios, me acompañarán también para dar las normas del nuevo estilo del siglo XXI.

¿Y qué decir de *Moby Dick*, estructurado como una epopeya clásica cuyo protagonista busca en el mundo heroico la razón de su sinrazón, y plagado de alusiones a la mitología grecorromana? Ya en el primer capítulo, cuando el protagonista explica las razones que le llevan a hacerse a la mar, dice: «Es mi sucedáneo del tiro de pistola. Catón se arroja sobre su espada con grandes aspavientos filosóficos. Yo me embarco discretamente».

Y en ese mismo capítulo, un poco más adelante, se habla de Narciso y aparece la primera de las innumerables alusiones a Júpiter que hay a lo largo de la novela:

¿Por qué los antiguos persas consideraban sagrado el mar? ¿Por qué los griegos le dieron una divinidad aparte, un hermano del propio Júpiter? Cierto que todo esto no carece de significado. Y aún más profundo es el de aquella historia de Narciso, que por no poder aferrar la dulce imagen atormentadora que veía en la fuente, se sumergió en ella y se ahogó. Pero esa misma imagen la vemos nosotros mismos en todos los ríos y océanos. Es la imagen del inaccesible fantasma de la vida.

También son varias las referencias a Prometeo. En el capítulo XLIV leemos (cuando el protagonista argumenta mentalmente con el capitán Ahab):

Dios te ayude, viejo. Tus pensamientos han creado en ti una criatura, y cuando alguien se hace un Prometeo con su intenso pensar, un buitre se alimenta de su corazón para siempre, y ese buitre es la propia criatura que él crea.

En el capítulo CXXVI se narra el estupor de la tripulación al escuchar unos extraños alaridos que venían del mar: «La parte cristiana o civilizada de los tripulantes dijo que eran sirenas, y se estremecieron, pero los arponeros paganos permanecieron impertérritos». Después descubren que son ladridos de focas, pero esto ya no les tranquiliza. Han escuchado el canto de las sirenas y saben que están perdidos.

Estas reflexiones sobre las fuentes clásicas de la gran novela de Herman Melville se pueden encontrar, más ampliadas y mejor razonadas de como se ha hecho aquí, en un trabajo de la profesora M.ª José Martín Velasco cuya referencia aparece en la bibliografía.

También es muy evidente el sustrato bíblico en *Moby Dick*. Desde el sermón del padre Mapple (espléndidamente interpretado por Orson Welles en la película de John Huston) sobre el Libro de Jonás hasta la cita del Libro de Job que encabeza el epílogo, pasando por el nombre mismo del capitán Ahab (el del rey rebelde contra Dios, según se cuenta en el Libro de los Reyes). La inmortal novela de Melville es, sin duda alguna, un capítulo importante de la historia de dos ciudades: Atenas y Jerusalén.

Alvar Ezquerra, A., «Las humanidades en el siglo XXI», en *Revista internacional de Derecho Romano*, 2008.

Eliot, T. S., «*Ulysses*, order and myth», *The Dial*, 1923.

—, *Notas para la definición de cultura*, Bruguera, Barcelona 1984.

Emerson, R. W., *Hombres representativos*, Cátedra, Madrid 2008.

Finley, M. I. (ed.), *El legado de Grecia*, Crítica, Barcelona 1989.

García Gual, C., *La antigüedad novelada*, Anagrama, Barcelona 1995.

—, *Sobre el descrédito de la literatura y otros avisos humanistas*, Península, Barcelona 1999.

Gombrich, E. H., *Breve historia de la cultura*, Península, Barcelona 2013.

Martín Velasco, M.ª J., «Jean Giono y su homenaje a Melville. El simbolismo mitológico en la interpretación de *Moby Dick*», ponencia presentada en el congreso *Mitos y emociones*, celebrado en Madrid del 24 al 28 de octubre de 2016.

Moreno Báez, E., *Los cimientos de Europa*, Taurus, Madrid 1971.

Ordine, N., *La utilidad de lo inútil*, Acantilado, Barcelona 2013.

Popper, K. R., «Retorno a los presocráticos», en *Conjeturas y refutaciones*, Paidós, Barcelona 1972.

Rodríguez Adrados, F., «Las humanidades, del mundo clásico al mundo actual», conferencia leída en la sesión inaugural del IX Congreso Español de Estudios Clásicos, 1995.

Romilly, J., *Pourquoi la Grèce?*, Éditions de Fallois, París 2012.

Steiner, G., *Antígonas: una poética y una filosofía de la lectura*, Gedisa, Barcelona 1987.

–, *La idea de Europa*, Siruela, Madrid 2015.

–, *Nostalgia del absoluto*, Siruela, Madrid 2016.

Tarnas, R., *La pasión de la mente occidental*, Atalanta, Gerona 2008.

Thoreau, H. D., *Walden*, Cátedra, Madrid 2013.

Unamuno, M. de, «Sobre la enseñanza del clasicismo», *BILE*, p. 8, 1908.

ÍNDICE ONOMÁSTICO

Esta segunda edición de *Los griegos y nosotros*,
de Ricardo Moreno Castillo, se envió a imprenta el
29 de septiembre de 2024, cuando se cumplen
CLX años del nacimiento del escritor y filósofo
Miguel de Unamuno (1864-1936).

«No quiero hacer helenistas, sino hombres cultos
con sentido del espíritu clásico helénico
y gusto por la Antigüedad.»
Miguel de Unamuno

La fórcola es la parte más rara y hermosa de la góndola
veneciana, realizada en madera, en la que el gondolero apo-
ya el remo para maniobrar. Una auténtica fórcola
se talla, de forma artesanal, sobre la curvatura natural
del árbol, por eso no hay dos fórcolas iguales.